中华传统文化经典
诵读系列

《论语》
正音诵读本

鲍鹏山——编校
浦江学堂童子——范读

中国青年出版社

（京）新登字083号

图书在版编目（CIP）数据
《论语》正音诵读本 / 鲍鹏山编校. — 北京：中国青年出版社, 2017.4
ISBN 978-7-5153-4747-9

Ⅰ.①论… Ⅱ.①鲍… Ⅲ.①儒家②《论语》—青少年读物 Ⅳ.①B222.2-49

中国版本图书馆CIP数据核字（2017）第105253号

出品人：皮　钧
总策划：鲍鹏山　吴晓梅
总监制：王　靖
监　制：吴晓梅　王飞飞　袁　斌
统　筹：王飞飞　刘　永　徐佳瑜

责任编辑：马　绒　刘　霜
封面设计：瞿中华

出版发行：中国青年出版社
社址：北京东四12条21号
邮政编码：100708
网址：www.cyp.com.cn
门市部：010-57350517
编辑部：010-57350510
印刷：北京盛通印刷股份有限公司
经销：新华书店
开本：700 × 1000　1/16
印张：12.5
字数：16千字
版次：2021年8月北京第2版
印次：2021年8月北京第3次印刷
印数：20001—26000
定价：42.00元

编校举要

本书是中国青年出版社“中华传统文化经典诵读系列”第一本。大字、注音、无注释，人名地名加专名号（下划线）。为最大程度方便读者诵读，凡异于常规读音、容易读错的字，均标为蓝色，以提起注意。

版本：主要依据杨伯峻《论语译注》，参考朱熹《四书章句集注》，刘宝楠《论语正义》，钱穆《论语新解》等等。经典流传千年，诸家版本均有差异之处，本次编校，择善而从，择便而从，择易而从，取各家之长，存一己之得。

例：7.17，有本作“加我数年，五十以学《易》，可以无大过矣”，今采钱穆先生“然何以读《易》始可无过，又何必五十始学《易》”之问，从《鲁论》，“易”为“亦”：“加我数年，五十以学，亦可以无大过矣。”

注音：以音义俱佳、平实简易为原则。避免纠缠于繁琐的小学考据，不给非语言学专业的读者带来不必要的认知困惑。

古今同义字，从今音。例：3.24“从者见之”的“从”，古读 zòng，今音读 cóng。其实读今音，音义俱佳，本不生歧义，何必另添烦难去读古音，造成不必要的认知混乱？质言之，若概依古音读古书，则任何一个字读音都与今音不同，能从今者不泥古。

但：此章中三处“见”，“仪封人请见”“吾未尝不得见”“从者见之”，与其他章节中之“见”，则做了读 xiàn 与读 jiàn 的区分，因语义上有主动与被动的差别，而这对理解相关章节甚为重要(如 17.1)，故“能从今者不泥古”又不可一概而论，这里说明一下。

又例：3.17，“子贡欲去告朔之饩羊”，“告”有两音：读 gù 或 gào, 今取音 gào，盖无论如何理解“告朔”之礼，均上告下意，故“告”读如字，更好。

又 4.10，“无适也，无莫也”句，“适”有注音 dí、“莫”有注音 mù 者，各有释义。我的一己之见是：“适”的各种义项，无论动词的“到，往”；形容词的“适当，对的”；副词（亦说名词）的“刚才”“适才”，以概括抽象论，都有肯定、确指、专主之意。“莫”，释义“暮”，“不适”，“没有”，“不当”，以概括抽象论，都有否定之意，故，“适”注音 shì, 表肯定；“莫”注音 mò, 表否定，很简易，“无适无莫”，无可无不可之义。

愚以为，在古文的现代化传播中，除了关联到意义的理解必须有所分别外，其他繁琐读音，似不必深文周纳。即如这个“适”字，《康熙字典》所列的读音，就有九种之多，还不包括如孔子学生南宫适的读音 kuò。这些不同的读音将来一定会逐步归类简化，简化的趋势必不可阻挡。如果我们一定纠缠这些繁琐读音，则不仅给学习者带来困惑，也必将阻碍更多非专业者对古文的接近，尤其是情感接近。

古人名：古人名真正的读音已难考，也不必深究。编校时，遵循两个基本原则，一从习惯，如曾参的“参”，历来聚义纷纭，读 cān 读 shēn 都有理据，考虑从众则取 shēn 音。二是两音并存的情况下，择善而从，如王孙贾、公明贾，取 jiǎ，不取 gǔ。

繁简字：除必要的个别字沿用繁体外，考虑到这是给非专业读者们实用的诵读本，能用简化字的则用简化字。例：12.10，“诚不以富，亦衹以异”，出自《诗经·小雅·我行其野》，诸本写作“衹”，考虑到意思当为“仅仅，只，唯一”，强调现有某种情况和范围，便直接采用简化之“只”字，平实易懂。另，在古人名写法上，如 5.21 “宁（甯）武子”，也原则上能用简化字的用简化字。

兼顾现代汉语读音规则，例：3.21 “成事不说，遂事不谏，既往不咎”，同样三个“不”，就标注了声调的区别。其他如 6.11 “一箪食，一瓢饮” 之 “一”，均如是，遵守 “一不” 的变调规则。

范读音频：本书凡二十篇，每篇题下读者均可扫二维码，同步收听由浦江学堂选送的58位孩子的范读音频。

本书从版本择选到篇章分则、文本注音、校对审定、音频录制，力图细致审慎，孜孜矻矻，以求文本无误、注音精准、版式简洁、形式创新，既实用，阅读体验又舒适。但毕竟水平局限，错讹之处在所难免，请方家不吝赐教，我们当择善而从并感恩不尽。

本书出版后，陆续得到一些学校老师的意见反馈。有多年古籍文献校勘经验的张圣洁编审通读全书，为之查漏补缺，不胜感佩。借此次再版的机会，我们吸纳了大家的意见做了少量修订。在此特表谢意。

鲍鹏山

2017年6月 于上海偏安斋

2021年4月 修订

目录

xué ér dì yī
学而第一

zǐ yuē xué ér shí xí zhī bú yì
1.1 子曰："学而时习之，不亦
yuè hū yǒu péng zì yuǎn fāng lái bú yì
说乎？有朋自远方来，不亦
lè hū rén bù zhī ér bú yùn bú yì
乐乎？人不知而不愠，不亦
jūn zǐ hū
君子乎？"

yǒu zǐ yuē qí wéi rén yě xiào tì ér
1.2 有子曰："其为人也孝弟，而
hào fàn shàng zhě xiǎn yǐ bú hào fàn
好犯上者，鲜矣。不好犯
shàng ér hào zuò luàn zhě wèi zhī yǒu yě
上而好作乱者，未之有也。
jūn zǐ wù běn běn lì ér dào shēng xiào
君子务本，本立而道生。孝
tì yě zhě qí wéi rén zhī běn yú
弟也者，其为仁之本与？"

zǐ yuē qiǎo yán lìng sè xiǎn yǐ rén

1.3 子曰："巧言令色，鲜矣仁。"

zēng zǐ yuē wú rì sān xǐng wú shēn wèi rén móu ér bù zhōng hū yǔ péng yǒu jiāo ér bú xìn hū chuán bù xí hū

1.4 曾子曰："吾日三省吾身：为人谋而不忠乎？与朋友交而不信乎？传不习乎？"

zǐ yuē dǎo qiān shèng zhī guó jìng shì ér xìn jié yòng ér ài rén shǐ mín yǐ shí

1.5 子曰："道千乘之国，敬事而信，节用而爱人，使民以时。"

zǐ yuē dì zǐ rù zé xiào chū zé tì jǐn ér xìn fàn ài zhòng ér qīn rén xíng yǒu yú lì zé yǐ xué wén

1.6 子曰："弟子入则孝，出则弟，谨而信，泛爱众，而亲仁。行有余力，则以学文。"

zǐ xià yuē xián xián yì sè shì fù mǔ

1.7 子夏曰："贤贤易色；事父母

néng jié qí lì shì jūn néng zhì qí shēn
能竭其力；事君能致其身；
yǔ péng yǒu jiāo yán ér yǒu xìn suī yuē
与朋友交，言而有信。虽曰
wèi xué wú bì wèi zhī xué yǐ
未学，吾必谓之学矣。”

zǐ yuē jūn zǐ bú zhòng zé bù wēi
1.8 子曰：“君子不重则不威，
xué zé bú gù zhǔ zhōng xìn wú yǒu
学则不固。主忠信。无友
bù rú jǐ zhě guò zé wù dàn gǎi
不如己者。过则勿惮改。”

zēng zǐ yuē shèn zhōng zhuī yuǎn mín dé
1.9 曾子曰：“慎终追远，民德
guī hòu yǐ
归厚矣。”

zǐ qín wèn yú zǐ gòng yuē fū zǐ zhì
1.10 子禽问于子贡曰：“夫子至
yú shì bāng yě bì wén qí zhèng qiú zhī
于是邦也，必闻其政，求之
yú yì yǔ zhī yú zǐ gòng yuē
与，抑与之与？”子贡曰：
fū zǐ wēn liáng gōng jiǎn ràng yǐ
“夫子温、良、恭、俭、让以
dé zhī fū zǐ zhī qiú zhī yě qí zhū
得之。夫子之求之也，其诸

yì hū rén zhī qiú zhī yú
异乎人之求之与！”

zǐ yuē fù zài guān qí zhì fù mò
1.11 子曰：“父在观其志，父没
guān qí xíng sān nián wú gǎi yú fù zhī
观其行。三年无改于父之
dào kě wèi xiào yǐ
道，可谓孝矣。”

yǒu zǐ yuē lǐ zhī yòng hé wéi
1.12 有子曰：“礼之用，和为
guì xiān wáng zhī dào sī wéi měi xiǎo
贵，先王之道斯为美；小
dà yóu zhī yǒu suǒ bù xíng zhī hé
大由之。有所不行：知和
ér hé bù yǐ lǐ jié zhī yì bù
而和，不以礼节之，亦不
kě xíng yě
可行也。”

yǒu zǐ yuē xìn jìn yú yì yán kě
1.13 有子曰：“信近于义，言可
fù yě gōng jìn yú lǐ yuǎn chǐ rǔ
复也。恭近于礼，远耻辱
yě yīn bù shī qí qīn yì kě zōng
也。因不失其亲，亦可宗
yě
也。”

zǐ yuē jūn zǐ shí wú qiú bǎo jū
1.14 子曰：“君子食无求饱，居
wú qiú ān mǐn yú shì ér shèn yú yán
无求安，敏于事而慎于言，
jiù yǒu dào ér zhèng yān kě wèi hào xué
就有道而正焉，可谓好学
yě yǐ
也已。”

zǐ gòng yuē pín ér wú chǎn fù ér
1.15 子贡曰：“贫而无谄，富而
wú jiāo hé rú zǐ yuē kě
无骄，何如？”子曰：“可
yě wèi ruò pín ér lè fù ér hào lǐ
也。未若贫而乐，富而好礼
zhě yě zǐ gòng yuē shī yún
者也。”子贡曰：“《诗》云：
rú qiē rú cuō rú zhuó rú mó qí
‘如切如磋，如琢如磨’，其
sī zhī wèi yú zǐ yuē cì yě
斯之谓与？”子曰：“赐也！
shǐ kě yǔ yán shī yǐ yǐ gào zhū
始可与言《诗》已矣，告诸
wǎng ér zhī lái zhě
往而知来者。”

zǐ yuē bú huàn rén zhī bù jǐ zhī
1.16 子曰：“不患人之不己知，
huàn bù zhī rén yě
患不知人也。”

wéi zhèng dì èr
为政第二

zǐ yuē wéi zhèng yǐ dé pì rú běi
2.1 子曰："为政以德，譬如北
chén jū qí suǒ ér zhòng xīng gǒng zhī
辰，居其所而众星共之。"

zǐ yuē shī sān bǎi yì yán yǐ
2.2 子曰："《诗》三百，一言以
bì zhī yuē sī wú xié
蔽之，曰：'思无邪'。"

zǐ yuē dǎo zhī yǐ zhèng qí zhī yǐ
2.3 子曰："道之以政，齐之以
xíng mín miǎn ér wú chǐ dǎo zhī yǐ
刑，民免而无耻；道之以
dé qí zhī yǐ lǐ yǒu chǐ qiě gé
德，齐之以礼，有耻且格。"

zǐ yuē wú shí yòu wǔ ér zhì yú xué
2.4 子曰："吾十有五而志于学，

sān shí ér lì sì shí ér bú huò wǔ
三十而立，四十而不惑，五

shí ér zhī tiān mìng liù shí ér ěr shùn
十而知天命，六十而耳顺，

qī shí ér cóng xīn suǒ yù bù yú jǔ
七十而从心所欲，不逾矩。”

mèng yì zǐ wèn xiào zǐ yuē wú wéi
2.5 孟懿子问孝，子曰：“无违。”

fán chí yù zǐ gào zhī yuē mèng sūn wèn
樊迟御，子告之曰：“孟孙问

xiào yú wǒ wǒ duì yuē wú wéi
孝于我，我对曰：‘无违。’”

fán chí yuē hé wèi yě zǐ yuē
樊迟曰：“何谓也？”子曰：

shēng shì zhī yǐ lǐ sǐ zàng zhī yǐ
“生，事之以礼；死，葬之以

lǐ jì zhī yǐ lǐ
礼，祭之以礼。”

mèng wǔ bó wèn xiào zǐ yuē fù mǔ wéi
2.6 孟武伯问孝，子曰：“父母唯

qí jí zhī yōu
其疾之忧。”

zǐ yóu wèn xiào zǐ yuē jīn zhī xiào
2.7 子游问孝，子曰：“今之孝

zhě shì wèi néng yǎng zhì yú quǎn mǎ
者，是谓能养。至于犬马，

jiē néng yǒu yǎng bú jìng hé yǐ bié hū

皆能有养，不敬，何以别乎？”

zǐ xià wèn xiào zǐ yuē sè nán yǒu shì dì zǐ fú qí láo yǒu jiǔ shí xiān shēng zhuàn zēng shì yǐ wéi xiào hū

2.8 子夏问孝，子曰：“色难。有事，弟子服其劳；有酒食，先生馔，曾是以为孝乎？”

zǐ yuē wú yǔ huí yán zhōng rì bù wéi rú yú tuì ér xǐng qí sī yì zú yǐ fā huí yě bù yú

2.9 子曰：“吾与回言终日，不违如愚。退而省其私，亦足以发。回也不愚。”

zǐ yuē shì qí suǒ yǐ guān qí suǒ yóu chá qí suǒ ān rén yān sōu zāi rén yān sōu zāi

2.10 子曰：“视其所以，观其所由，察其所安。人焉廋哉？人焉廋哉？”

zǐ yuē wēn gù ér zhī xīn kě yǐ

2.11 子曰：“温故而知新，可以

wéi shī yǐ
为师矣。”

zǐ yuē jūn zǐ bú qì
2.12 子曰：“君子不器。”

zǐ gòng wèn jūn zǐ zǐ yuē xiān xíng
2.13 子贡问君子，子曰：“先行
qí yán ér hòu cóng zhī
其言而后从之。”

zǐ yuē jūn zǐ zhōu ér bú bì xiǎo
2.14 子曰：“君子周而不比，小
rén bì ér bù zhōu
人比而不周。”

zǐ yuē xué ér bù sī zé wǎng sī
2.15 子曰：“学而不思则罔，思
ér bù xué zé dài
而不学则殆。”

zǐ yuē gōng hū yì duān sī hài yě
2.16 子曰：“攻乎异端，斯害也
yǐ
已。”

zǐ yuē yóu huì rǔ zhī zhī hū
2.17 子曰：“由！诲女知之乎！

zhī zhī wéi zhī zhī bù zhī wéi bù zhī
知之为知之，不知为不知，
shì zhì yě
是知也。”

zǐ zhāng xué gān lù zǐ yuē duō
2.18 子张学干禄。子曰：“多
wén quē yí shèn yán qí yú zé guǎ yóu
闻阙疑，慎言其余，则寡尤；
duō jiàn quē dài shèn xíng qí yú zé guǎ
多见阙殆，慎行其余，则寡
huǐ yán guǎ yóu xíng guǎ huǐ lù zài
悔。言寡尤，行寡悔，禄在
qí zhōng yǐ
其中矣。”

āi gōng wèn yuē hé wéi zé mín fú
2.19 哀公问曰：“何为则民服？”
kǒng zǐ duì yuē jǔ zhí cuò zhū wǎng
孔子对曰：“举直错诸枉，
zé mín fú jǔ wǎng cuò zhū zhí zé mín
则民服；举枉错诸直，则民
bù fú
不服。”

jì kāng zǐ wèn shǐ mín jìng zhōng yǐ
2.20 季康子问：“使民敬，忠以
quàn rú zhī hé zǐ yuē lín zhī
劝，如之何？”子曰：“临之

yǐ zhuāng zé jìng xiào cí zé zhōng jǔ
以庄，则敬；孝慈，则忠；举
shàn ér jiào bù néng zé quàn
善而教不能，则劝。”

huò wèi kǒng zǐ yuē zǐ xī bù wéi
2.21 或谓孔子曰：“子奚不为
zhèng zǐ yuē shū yún xiào
政？”子曰：“《书》云‘孝
hū wéi xiào yǒu yú xiōng dì shī yú
乎！惟孝，友于兄弟，施于
yǒu zhèng shì yì wéi zhèng xī qí wéi
有政’，是亦为政，奚其为
wéi zhèng
为政？”

zǐ yuē rén ér wú xìn bù zhī qí
2.22 子曰：“人而无信，不知其
kě yě dà chē wú ní xiǎo chē wú
可也。大车无輗，小车无
yuè qí hé yǐ xíng zhī zāi
軏，其何以行之哉？”

zǐ zhāng wèn shí shì kě zhī yě
2.23 子张问：“十世可知也？”
zǐ yuē yīn yīn yú xià lǐ suǒ sǔn
子曰：“殷因于夏礼，所损

yì kě zhī yě zhōu yīn yú yīn lǐ
益，可知也；周因于殷礼，

suǒ sǔn yì kě zhī yě qí huò jì zhōu
所损益，可知也。其或继周

zhě suī bǎi shì kě zhī yě
者，虽百世，可知也。”

zǐ yuē fēi qí guǐ ér jì zhī chǎn
2.24 子曰：“非其鬼而祭之，谄

yě jiàn yì bù wéi wú yǒng yě
也。见义不为，无勇也。”

bā yì dì sān
八佾第三

kǒng zǐ wèi jì shì bā yì wǔ yú tíng
3.1 孔子谓季氏："八佾舞于庭，
shì kě rěn yě shú bù kě rěn yě
是可忍也，孰不可忍也？"

sān jiā zhě yǐ yōng chè zǐ yuē
3.2 三家者以《雍》彻。子曰：
xiàng wéi bì gōng tiān zǐ mù mù xī
"'相维辟公，天子穆穆'，奚
qǔ yú sān jiā zhī táng
取于三家之堂？"

zǐ yuē rén ér bù rén rú lǐ hé
3.3 子曰："人而不仁，如礼何？
rén ér bù rén rú yuè hé
人而不仁，如乐何？"

lín fàng wèn lǐ zhī běn zǐ yuē dà
3.4 林放问礼之本，子曰："大

zāi wèn lǐ yǔ qí shē yě nìng jiǎn
哉问！礼，与其奢也，宁俭；
sāng yǔ qí yì yě nìng qī
丧，与其易也，宁戚。”

zǐ yuē yí dí zhī yǒu jūn bù rú
3.5 子曰：“夷狄之有君，不如
zhū xià zhī wú yě
诸夏之亡也。”

jì shì lǚ yú tài shān zǐ wèi rǎn
3.6 季氏旅于泰山。子谓冉
yǒu yuē rǔ fú néng jiù yú
有曰：“女弗能救与？”
duì yuē bù néng zǐ yuē
对曰：“不能。”子曰：
wū hū zēng wèi tài shān bù rú
“呜呼！曾谓泰山不如
lín fàng hū
林放乎？”

zǐ yuē jūn zǐ wú suǒ zhēng bì yě shè
3.7 子曰：“君子无所争，必也射
hū yī ràng ér shēng xià ér yǐn qí
乎？揖让而升，下而饮。其
zhēng yě jūn zǐ
争也君子。”

zǐ xià wèn yuē qiǎo xiào qiàn xī měi
3.8 子夏问曰："'巧笑倩兮，美
mù pàn xī sù yǐ wéi xuàn xī hé wèi
目盼兮，素以为绚兮'，何谓
yě zǐ yuē huì shì hòu sù
也？"子曰："绘事后素。"
yuē lǐ hòu hū zǐ yuē qǐ
曰："礼后乎？"子曰："起
yú zhě shāng yě shǐ kě yǔ yán shī
予者商也！始可与言《诗》
yǐ yǐ
已矣。"

zǐ yuē xià lǐ wú néng yán zhī qǐ bù
3.9 子曰："夏礼吾能言之，杞不
zú zhēng yě yīn lǐ wú néng yán zhī sòng
足征也。殷礼吾能言之，宋
bù zú zhēng yě wén xiàn bù zú gù yě
不足征也。文献不足故也。
zú zé wú néng zhēng zhī yǐ
足，则吾能征之矣。"

zǐ yuē dì zì jì guàn ér wǎng zhě
3.10 子曰："禘自既灌而往者，
wú bú yù guān zhī yǐ
吾不欲观之矣。"

huò wèn dì zhī shuō zǐ yuē bù zhī
3.11 或问禘之说，子曰：“不知
yě zhī qí shuō zhě zhī yú tiān xià yě
也。知其说者之于天下也，
qí rú shì zhū sī hū zhǐ qí zhǎng
其如示诸斯乎！”指其掌。

jì rú zài jì shén rú shén zài zǐ
3.12 祭如在，祭神如神在。子
yuē wú bú yù jì rú bú jì
曰：“吾不与祭，如不祭。”

wáng sūn jiǎ wèn yuē yǔ qí mèi yú
3.13 王孙贾问曰：“与其媚于
ào nìng mèi yú zào hé wèi yě
奥，宁媚于灶，何谓也？”
zǐ yuē bù rán huò zuì yú tiān
子曰：“不然。获罪于天，
wú suǒ dǎo yě
无所祷也。”

zǐ yuē zhōu jiàn yú èr dài yù yù
3.14 子曰：“周监于二代，郁郁
hū wén zāi wú cóng zhōu
乎文哉！吾从周。”

zǐ rù tài miào měi shì wèn huò yuē
3.15 子入太庙，每事问。或曰：

shú wèi zōu rén zhī zǐ zhī lǐ hū rù
“孰谓鄹人之子知礼乎？入
tài miào měi shì wèn zǐ wén zhī
太庙，每事问。”子闻之，
yuē shì lǐ yě
曰：“是礼也。”

zǐ yuē shè bù zhǔ pí wèi lì bù
3.16 子曰：“射不主皮，为力不
tóng kē gǔ zhī dào yě
同科，古之道也。”

zǐ gòng yù qù gào shuò zhī xì yáng zǐ
3.17 子贡欲去告朔之饩羊。子
yuē cì yě ěr ài qí yáng wǒ
曰：“赐也！尔爱其羊，我
ài qí lǐ
爱其礼。”

zǐ yuē shì jūn jìn lǐ rén yǐ wéi
3.18 子曰：“事君尽礼，人以为
chǎn yě
谄也。”

dìng gōng wèn jūn shǐ chén chén shì jūn
3.19 定公问：“君使臣，臣事君，
rú zhī hé kǒng zǐ duì yuē jūn
如之何？”孔子对曰：“君

shǐ chén yǐ lǐ chén shì jūn yǐ zhōng
使臣以礼，臣事君以忠。”

zǐ yuē guān jū lè ér bù yín
3.20 子曰：“《关雎》乐而不淫，
āi ér bù shāng
哀而不伤。”

āi gōng wèn shè yú zǎi wǒ zǎi wǒ duì
3.21 哀公问社于宰我。宰我对
yuē xià hòu shì yǐ sōng yīn rén yǐ
曰：“夏后氏以松，殷人以
bǎi zhōu rén yǐ lì yuē shǐ mín zhàn
柏，周人以栗，曰：使民战
lì zǐ wén zhī yuē chéng shì bù
栗。”子闻之，曰：“成事不
shuō suì shì bú jiàn jì wǎng bú jiù
说，遂事不谏，既往不咎。”

zǐ yuē guǎn zhòng zhī qì xiǎo zāi
3.22 子曰：“管仲之器小哉！”
huò yuē guǎn zhòng jiǎn hū yuē
或曰：“管仲俭乎？”曰：
guǎn shì yǒu sān guī guān shì bú shè
“管氏有三归，官事不摄，
yān dé jiǎn rán zé guǎn zhòng zhī
焉得俭？”“然则管仲知

lǐ hū yuē bāng jūn shù sè mén
礼乎？”曰：“邦君树塞门，
guǎn shì yì shù sè mén bāng jūn wèi liǎng
管氏亦树塞门。邦君为两
jūn zhī hǎo yǒu fǎn diàn guǎn shì yì yǒu
君之好，有反坫，管氏亦有
fǎn diàn guǎn shì ér zhī lǐ shú bù zhī
反坫。管氏而知礼，孰不知
lǐ
礼？”

zǐ yù lǔ tài shī yuè yuē yuè qí
3.23 子语鲁大师乐，曰：“乐其
kě zhī yě shǐ zuò xī rú yě zòng
可知也：始作，翕如也；从
zhī chún rú yě jiǎo rú yě yì rú
之，纯如也，皦如也，绎如
yě yǐ chéng
也，以成。”

yí fēng rén qǐng xiàn yuē jūn zǐ zhī
3.24 仪封人请见，曰：“君子之
zhì yú sī yě wú wèi cháng bù dé jiàn
至于斯也，吾未尝不得见
yě cóng zhě xiàn zhī chū yuē èr
也。”从者见之。出曰：“二
sān zǐ hé huàn yú sàng hū tiān xià zhī
三子何患于丧乎？天下之

无道也久矣，天将以夫子为木铎。”

3.25 子谓《韶》：“尽美矣，又尽善也。”谓《武》：“尽美矣，未尽善也。”

3.26 子曰：“居上不宽，为礼不敬，临丧不哀，吾何以观之哉？”

lǐ rén dì sì
里仁第四

zǐ yuē lǐ rén wéi měi zé bù chǔ rén yān dé zhì
4.1 子曰："里仁为美，择不处仁，焉得知？"

zǐ yuē bù rén zhě bù kě yǐ jiǔ chǔ yuē bù kě yǐ cháng chǔ lè rén zhě ān rén zhì zhě lì rén
4.2 子曰："不仁者不可以久处约，不可以长处乐。仁者安仁，知者利仁。"

zǐ yuē wéi rén zhě néng hào rén néng wù rén
4.3 子曰："唯仁者能好人，能恶人。"

zǐ yuē gǒu zhì yú rén yǐ wú è yě
4.4 子曰："苟志于仁矣，无恶也。"

zǐ yuē fù yǔ guì shì rén zhī suǒ yù
4.5 子曰："富与贵，是人之所欲
yě bù yǐ qí dào dé zhī bù chǔ yě
也，不以其道得之，不处也。
pín yǔ jiàn shì rén zhī suǒ wù yě bù
贫与贱，是人之所恶也，不
yǐ qí dào dé zhī bú qù yě jūn zǐ
以其道得之，不去也。君子
qù rén wū hū chéng míng jūn zǐ wú
去仁，恶乎成名？君子无
zhōng shí zhī jiān wéi rén zào cì bì yú
终食之间违仁，造次必于
shì diān pèi bì yú shì
是，颠沛必于是。"

zǐ yuē wǒ wèi jiàn hào rén zhě wù bù
4.6 子曰："我未见好仁者，恶不
rén zhě hào rén zhě wú yǐ shàng zhī
仁者。好仁者，无以尚之；
wù bù rén zhě qí wéi rén yǐ bù shǐ
恶不仁者，其为仁矣，不使
bù rén zhě jiā hū qí shēn yǒu néng yí
不仁者加乎其身。有能一
rì yòng qí lì yú rén yǐ hū wǒ wèi
日用其力于仁矣乎？我未
jiàn lì bù zú zhě gài yǒu zhī yǐ wǒ
见力不足者。盖有之矣，我
wèi zhī jiàn yě
未之见也。"

zǐ yuē rén zhī guò yě gè yú qí
4.7 子曰："人之过也，各于其
dǎng guān guò sī zhī rén yǐ
党。观过，斯知仁矣。"

zǐ yuē zhāo wén dào xī sǐ kě yǐ
4.8 子曰："朝闻道，夕死可矣。"

zǐ yuē shì zhì yú dào ér chǐ è yī
4.9 子曰："士志于道，而耻恶衣
è shí zhě wèi zú yǔ yì yě
恶食者，未足与议也。"

zǐ yuē jūn zǐ zhī yú tiān xià yě
4.10 子曰："君子之于天下也，
wú shì yě wú mò yě yì zhī yǔ
无适也，无莫也，义之与
bì
比。"

zǐ yuē jūn zǐ huái dé xiǎo rén huái
4.11 子曰："君子怀德，小人怀
tǔ jūn zǐ huái xíng xiǎo rén huái huì
土。君子怀刑，小人怀惠。"

zǐ yuē fǎng yú lì ér xíng duō
4.12 子曰："放于利而行，多
yuàn
怨。"

zǐ yuē néng yǐ lǐ ràng wéi guó hū
4.13 子曰：“能以礼让为国乎，
hé yǒu bù néng yǐ lǐ ràng wéi guó rú
何有？不能以礼让为国，如
lǐ hé
礼何？”

zǐ yuē bú huàn wú wèi huàn suǒ yǐ
4.14 子曰：“不患无位，患所以
lì bú huàn mò jǐ zhī qiú wéi kě zhī
立。不患莫己知，求为可知
yě
也。”

zǐ yuē shēn hū wú dào yì yǐ guàn
4.15 子曰：“参乎！吾道一以贯
zhī zēng zǐ yuē wéi zǐ chū
之。”曾子曰：“唯。”子出，
mén rén wèn yuē hé wèi yě zēng
门人问曰：“何谓也？”曾
zǐ yuē fū zǐ zhī dào zhōng shù ér
子曰：“夫子之道，忠恕而
yǐ yǐ
已矣。”

zǐ yuē jūn zǐ yù yú yì xiǎo rén
4.16 子曰：“君子喻于义，小人
yù yú lì
喻于利。”

zǐ yuē jiàn xián sī qí yān jiàn bù
4.17 子曰：“见贤思齐焉，见不
xián ér nèi zì xǐng yě
贤而内自省也。”

zǐ yuē shì fù mǔ jī jiàn jiàn zhì
4.18 子曰：“事父母几谏，见志
bù cóng yòu jìng bù wéi láo ér bú
不从，又敬不违，劳而不
yuàn
怨。”

zǐ yuē fù mǔ zài bù yuǎn yóu
4.19 子曰：“父母在，不远游，
yóu bì yǒu fāng
游必有方。”

zǐ yuē sān nián wú gǎi yú fù zhī
4.20 子曰：“三年无改于父之
dào kě wèi xiào yǐ
道，可谓孝矣。”

zǐ yuē fù mǔ zhī nián bù kě bù
4.21 子曰：“父母之年，不可不
zhī yě yì zé yǐ xǐ yì zé yǐ
知也。一则以喜，一则以
jù
惧。”

zǐ yuē gǔ zhě yán zhī bù chū chǐ
4.22 子曰："古者言之不出，耻
gōng zhī bú dài yě
躬之不逮也。"

zǐ yuē yǐ yuē shī zhī zhě xiǎn
4.23 子曰："以约失之者，鲜
yǐ
矣。"

zǐ yuē jūn zǐ yù nè yú yán ér mǐn
4.24 子曰："君子欲讷于言而敏
yú xíng
于行。"

zǐ yuē dé bù gū bì yǒu lín
4.25 子曰："德不孤，必有邻。"

zǐ yóu yuē shì jūn shuò sī rǔ yǐ
4.26 子游曰："事君数，斯辱矣；
péng yǒu shuò sī shū yǐ
朋友数，斯疏矣。"

gōng yě cháng dì wǔ
公冶长第五

zǐ wèi gōng yě cháng kě qì yě suī
5.1 子谓公冶长：“可妻也。虽
zài léi xiè zhī zhōng fēi qí zuì yě
在缧绁之中，非其罪也。”
yǐ qí zǐ qì zhī
以其子妻之。

zǐ wèi nán róng bāng yǒu dào bú fèi
5.2 子谓南容：“邦有道，不废；
bāng wú dào miǎn yú xíng lù yǐ qí
邦无道，免于刑戮。”以其
xiōng zhī zǐ qì zhī
兄之子妻之。

zǐ wèi zǐ jiàn jūn zǐ zāi ruò rén
5.3 子谓子贱：“君子哉若人！
lǔ wú jūn zǐ zhě sī yān qǔ sī
鲁无君子者，斯焉取斯？”

zǐ gòng wèn yuē cì yě hé rú zǐ
5.4 子贡问曰："赐也何如？"子
yuē rǔ qì yě yuē hé qì
曰："女，器也。"曰："何器
yě yuē hú liǎn yě
也？"曰："瑚琏也。"

huò yuē yōng yě rén ér bú nìng zǐ
5.5 或曰："雍也仁而不佞。"子
yuē yān yòng nìng yù rén yǐ kǒu
曰："焉用佞？御人以口
jǐ lǚ zēng yú rén bù zhī qí rén
给，屡憎于人。不知其仁，
yān yòng nìng
焉用佞？"

zǐ shǐ qī diāo kāi shì duì yuē wú sī
5.6 子使漆雕开仕，对曰："吾斯
zhī wèi néng xìn zǐ yuè
之未能信。"子说。

zǐ yuē dào bù xíng chéng fú fú yú
5.7 子曰："道不行，乘桴浮于
hǎi cóng wǒ zhě qí yóu yú zǐ lù
海，从我者，其由与？"子路
wén zhī xǐ zǐ yuē yóu yě hào yǒng
闻之喜。子曰："由也好勇

guò wǒ wú suǒ qǔ cái
过我，无所取材。”

mèng wǔ bó wèn zǐ lù rén hū zǐ
5.8 孟武伯问：“子路仁乎？”子
yuē bù zhī yě yòu wèn zǐ yuē
曰：“不知也。”又问，子曰：
yóu yě qiān shèng zhī guó kě shǐ zhì
“由也，千乘之国，可使治
qí fù yě bù zhī qí rén yě qiú
其赋也，不知其仁也。”“求
yě hé rú zǐ yuē qiú yě qiān
也何如？”子曰：“求也，千
shì zhī yì bǎi shèng zhī jiā kě shǐ wéi
室之邑，百乘之家，可使为
zhī zǎi yě bù zhī qí rén yě chì
之宰也，不知其仁也。”“赤
yě hé rú zǐ yuē chì yě shù
也何如？”子曰：“赤也，束
dài lì yú cháo kě shǐ yǔ bīn kè yán
带立于朝，可使与宾客言
yě bù zhī qí rén yě
也，不知其仁也。”

zǐ wèi zǐ gòng yuē rǔ yǔ huí yě
5.9 子谓子贡曰：“女与回也，
shú yù duì yuē cì yě hé gǎn
孰愈？”对曰：“赐也何敢

wàng huí huí yě wén yī yǐ zhī shí cì
望回？回也闻一以知十，赐

yě wén yī yǐ zhī èr zǐ yuē fú
也闻一以知二。”子曰：“弗

rú yě wú yǔ rǔ fú rú yě
如也，吾与女弗如也。”

zǎi yú zhòu qǐn zǐ yuē xiǔ mù bù
5.10 宰予昼寝。子曰：“朽木不

kě diāo yě fèn tǔ zhī qiáng bù kě wū
可雕也，粪土之墙不可杇

yě yú yú yú hé zhū zǐ yuē
也。于予与何诛？”子曰：

shǐ wú yú rén yě tīng qí yán ér xìn
“始吾于人也，听其言而信

qí xíng jīn wú yú rén yě tīng qí yán
其行。今吾于人也，听其言

ér guān qí xíng yú yú yú gǎi shì
而观其行。于予与改是。”

zǐ yuē wú wèi jiàn gāng zhě huò duì
5.11 子曰：“吾未见刚者。”或对

yuē shēn chéng zǐ yuē chéng yě
曰：“申枨。”子曰：“枨也

yù yān dé gāng
欲，焉得刚？”

zǐ gòng yuē wǒ bú yù rén zhī jiā zhū
5.12 子贡曰："我不欲人之加诸
wǒ yě wú yì yù wú jiā zhū rén
我也，吾亦欲无加诸人。"
zǐ yuē cì yě fēi ěr suǒ jí
子曰："赐也，非尔所及
yě
也。"

zǐ gòng yuē fū zǐ zhī wén zhāng kě
5.13 子贡曰："夫子之文章，可
dé ér wén yě fū zǐ zhī yán xìng yǔ
得而闻也。夫子之言性与
tiān dào bù kě dé ér wén yě
天道，不可得而闻也。"

zǐ lù yǒu wén wèi zhī néng xíng wéi kǒng
5.14 子路有闻，未之能行，唯恐
yòu wén
有闻。

zǐ gòng wèn yuē kǒng wén zǐ hé yǐ wèi
5.15 子贡问曰："孔文子何以谓
zhī wén yě zǐ yuē mǐn ér hào
之文也？"子曰："敏而好
xué bù chǐ xià wèn shì yǐ wèi zhī wén
学，不耻下问，是以谓之文
yě
也。"

zǐ wèi zǐ chǎn yǒu jūn zǐ zhī dào sì
5.16 子谓子产："有君子之道四
yān qí xíng jǐ yě gōng qí shì shàng yě
焉：其行己也恭；其事上也
jìng qí yǎng mín yě huì qí shǐ mín yě
敬；其养民也惠；其使民也
yì
义。"

zǐ yuē yàn píng zhòng shàn yǔ rén jiāo
5.17 子曰："晏平仲善与人交，
jiǔ ér jìng zhī
久而敬之。"

zǐ yuē zāng wén zhòng jū cài shān jié
5.18 子曰："臧文仲居蔡，山节
zǎo zhuō hé rú qí zhì yě
藻棁，何如其知也？"

zǐ zhāng wèn yuē lìng yǐn zǐ wén sān shì
5.19 子张问曰："令尹子文三仕
wéi lìng yǐn wú xǐ sè sān yǐ zhī
为令尹，无喜色；三已之，
wú yùn sè jiù lìng yǐn zhī zhèng bì yǐ
无愠色。旧令尹之政，必以
gào xīn lìng yǐn hé rú zǐ yuē
告新令尹。何如？"子曰：
zhōng yǐ yuē rén yǐ hū
"忠矣。"曰："仁矣乎？"

yuē wèi zhī yān dé rén cuī
曰：“未知。焉得仁？”“崔
zǐ shì qí jūn chén wén zǐ yǒu mǎ shí
子弑齐君，陈文子有马十
shèng qì ér wéi zhī zhì yú tā bāng
乘，弃而违之。至于他邦，
zé yuē yóu wú dà fū cuī zǐ yě
则曰：‘犹吾大夫崔子也。’
wéi zhī zhī yì bāng zé yòu yuē
违之。之一邦，则又曰：
yóu wú dà fū cuī zǐ yě wéi zhī
‘犹吾大夫崔子也。’违之。
hé rú zǐ yuē qīng yǐ yuē
何如？”子曰：“清矣。”曰：
rén yǐ hū yuē wèi zhī yān
“仁矣乎？”曰：“未知。焉
dé rén
得仁？”

jì wén zǐ sān sī ér hòu xíng zǐ wén
5.20 季文子三思而后行。子闻
zhī yuē zài sī kě yǐ
之，曰：“再，斯可矣。”

zǐ yuē nìng wǔ zǐ bāng yǒu dào zé
5.21 子曰：“宁武子，邦有道，则
zhì bāng wú dào zé yú qí zhì kě
知；邦无道，则愚。其知可

jí yě qí yú bù kě jí yě
及也，其愚不可及也。”

zǐ zài chén yuē guī yú guī yú
5.22 子在陈，曰：“归与！归与！
wú dǎng zhī xiǎo zǐ kuáng jiǎn fěi rán chéng
吾党之小子狂简，斐然成
zhāng bù zhī suǒ yǐ cái zhī
章，不知所以裁之。”

zǐ yuē bó yí shū qí bú niàn jiù
5.23 子曰：“伯夷叔齐不念旧
è yuàn shì yòng xī
恶，怨是用希。”

zǐ yuē shú wèi wēi shēng gāo zhí
5.24 子曰：“孰谓微生高直？
huò qǐ xī yān qǐ zhū qí lín ér yǔ
或乞醯焉，乞诸其邻而与
zhī
之。”

zǐ yuē qiǎo yán lìng sè zú gōng
5.25 子曰：“巧言、令色、足恭，
zuǒ qiū míng chǐ zhī qiū yì chǐ zhī nì
左丘明耻之，丘亦耻之。匿
yuàn ér yǒu qí rén zuǒ qiū míng chǐ zhī
怨而友其人，左丘明耻之，

qiū yì chǐ zhī
丘亦耻之。”

yán yuān jì lù shì zǐ yuē hé gè
5.26 颜渊季路侍。子曰：“盍各
yán ěr zhì zǐ lù yuē yuàn chē
言尔志？”子路曰：“愿车
mǎ yī qīng qiú yǔ péng yǒu gòng bì zhī ér
马衣轻裘与朋友共，敝之而
wú hàn yán yuān yuē yuàn wú fá
无憾。”颜渊曰：“愿无伐
shàn wú shī láo zǐ lù yuē yuàn
善，无施劳。”子路曰：“愿
wén zǐ zhī zhì zǐ yuē lǎo zhě ān
闻子之志。”子曰：“老者安
zhī péng yǒu xìn zhī shào zhě huái zhī
之，朋友信之，少者怀之。”

zǐ yuē yǐ yǐ hū wú wèi jiàn néng
5.27 子曰：“已矣乎！吾未见能
jiàn qí guò ér nèi zì sòng zhě yě
见其过而内自讼者也。”

zǐ yuē shí shì zhī yì bì yǒu zhōng
5.28 子曰：“十室之邑，必有忠
xìn rú qiū zhě yān bù rú qiū zhī hào xué
信如丘者焉，不如丘之好学
yě
也。”

yōng yě dì liù
雍也第六

zǐ yuē yōng yě kě shǐ nán miàn
6.1 子曰："雍也可使南面。"

zhòng gōng wèn zǐ sāng bó zǐ zǐ yuē
6.2 仲弓问子桑伯子，子曰：
kě yě jiǎn zhòng gōng yuē jū jìng
"可也，简。"仲弓曰："居敬
ér xíng jiǎn yǐ lín qí mín bú yì kě
而行简，以临其民，不亦可
hū jū jiǎn ér xíng jiǎn wú nǎi tài jiǎn
乎？居简而行简，无乃大简
hū zǐ yuē yōng zhī yán rán
乎？"子曰："雍之言然。"

āi gōng wèn dì zǐ shú wéi hào xué
6.3 哀公问："弟子孰为好学？"
kǒng zǐ duì yuē yǒu yán huí zhě hào
孔子对曰："有颜回者好
xué bù qiān nù bú èr guò bú xìng
学，不迁怒，不贰过。不幸

duǎn mìng sǐ yǐ jīn yě zé wú wèi wén
短命死矣。今也则亡，未闻
hào xué zhě yě
好学者也。”

zǐ huá shǐ yú qí rǎn zǐ wèi qí mǔ qǐng
6.4 子华使于齐，冉子为其母请
sù zǐ yuē yǔ zhī fǔ qǐng
粟。子曰：“与之釜。”请
yì yuē yǔ zhī yǔ rǎn zǐ yǔ
益，曰：“与之庾。”冉子与
zhī sù wǔ bǐng zǐ yuē chì zhī
之粟五秉。子曰：“赤之
shì qí yě chéng féi mǎ yì qīng qiú
适齐也，乘肥马，衣轻裘。
wú wén zhī yě jūn zǐ zhōu jí bú jì
吾闻之也：君子周急不继
fù
富。”

yuán sī wéi zhī zǎi yǔ zhī sù jiǔ bǎi
6.5 原思为之宰，与之粟九百，
cí zǐ yuē wú yǐ yǔ ěr lín
辞。子曰：“毋！以与尔邻
lǐ xiāng dǎng hū
里乡党乎！”

zǐ wèi zhòng gōng yuē lí niú zhī zǐ xīng
6.6 子谓仲弓曰：“犁牛之子骍
qiě jiǎo suī yù wù yòng shān chuān qí shě
且角，虽欲勿用，山川其舍
zhū
诸？”

zǐ yuē huí yě qí xīn sān yuè bù
6.7 子曰：“回也，其心三月不
wéi rén qí yú zé rì yuè zhì yān ér yǐ
违仁，其余则日月至焉而已
yǐ
矣。”

jì kāng zǐ wèn zhòng yóu kě shǐ cóng zhèng
6.8 季康子问：“仲由可使从政
yě yú zǐ yuē yóu yě guǒ yú
也与？”子曰：“由也果，于
cóng zhèng hū hé yǒu yuē cì yě
从政乎何有？”曰：“赐也
kě shǐ cóng zhèng yě yú yuē cì
可使从政也与？”曰：“赐
yě dá yú cóng zhèng hū hé yǒu yuē
也达，于从政乎何有？”曰：
qiú yě kě shǐ cóng zhèng yě yú yuē
“求也可使从政也与？”曰：
qiú yě yì yú cóng zhèng hū hé yǒu
“求也艺，于从政乎何有？”

jì shì shǐ mǐn zǐ qiān wéi bì zǎi mǐn
6.9 季氏使闵子骞为费宰。闵
zǐ qiān yuē shàn wèi wǒ cí yān rú
子骞曰：“善为我辞焉！如
yǒu fù wǒ zhě zé wú bì zài wèn shàng
有复我者，则吾必在汶上
yǐ
矣。”

bó niú yǒu jí zǐ wèn zhī zì yǒu zhí
6.10 伯牛有疾，子问之，自牖执
qí shǒu yuē wáng zhī mìng yǐ fú
其手，曰：“亡之，命矣夫！
sī rén yě ér yǒu sī jí yě sī rén
斯人也而有斯疾也！斯人
yě ér yǒu sī jí yě
也而有斯疾也！”

zǐ yuē xián zāi huí yě yì dān
6.11 子曰：“贤哉，回也！一箪
shí yì piáo yǐn zài lòu xiàng rén bù
食，一瓢饮，在陋巷，人不
kān qí yōu huí yě bù gǎi qí lè xián
堪其忧，回也不改其乐。贤
zāi huí yě
哉，回也！”

rǎn qiú yuē fēi bú yuè zǐ zhī dào
6.12 冉求曰："非不说子之道，
lì bù zú yě zǐ yuē lì bù zú
力不足也。"子曰："力不足
zhě zhōng dào ér fèi jīn rǔ huà
者，中道而废。今女画。"

zǐ wèi zǐ xià yuē rǔ wéi jūn zǐ
6.13 子谓子夏曰："女为君子
rú wú wéi xiǎo rén rú
儒！无为小人儒！"

zǐ yóu wéi wǔ chéng zǎi zǐ yuē rǔ
6.14 子游为武城宰。子曰："女
dé rén yān ěr hū yuē yǒu tán
得人焉耳乎？"曰："有澹
tái miè míng zhě xíng bù yóu jìng fēi gōng
台灭明者，行不由径，非公
shì wèi cháng zhì yú yǎn zhī shì yě
事，未尝至于偃之室也。"

zǐ yuē mèng zhī fǎn bù fá bēn ér
6.15 子曰："孟之反不伐，奔而
diàn jiāng rù mén cè qí mǎ yuē
殿，将入门，策其马，曰：
fēi gǎn hòu yě mǎ bú jìn yě
'非敢后也，马不进也。'"

zǐ yuē bù yǒu zhù tuó zhī nìng ér
6.16 子曰："不有祝鮀之佞，而
yǒu sòng zhāo zhī měi nán hū miǎn yú jīn zhī
有宋朝之美，难乎免于今之
shì yǐ
世矣。"

zǐ yuē shuí néng chū bù yóu hù hé
6.17 子曰："谁能出不由户？何
mò yóu sī dào yě
莫由斯道也？"

zǐ yuē zhì shèng wén zé yě wén shèng
6.18 子曰："质胜文则野，文胜
zhì zé shǐ wén zhì bīn bīn rán hòu jūn
质则史。文质彬彬，然后君
zǐ
子。"

zǐ yuē rén zhī shēng yě zhí wǎng zhī
6.19 子曰："人之生也直，罔之
shēng yě xìng ér miǎn
生也幸而免。"

zǐ yuē zhī zhī zhě bù rú hào zhī
6.20 子曰："知之者不如好之
zhě hào zhī zhě bù rú lè zhī zhě
者，好之者不如乐之者。"

zǐ yuē zhōng rén yǐ shàng kě yǐ yù
6.21 子曰："中人以上，可以语
shàng yě zhōng rén yǐ xià bù kě yǐ yù
上也；中人以下，不可以语
shàng yě
上也。"

fán chí wèn zhì zǐ yuē wù mín zhī
6.22 樊迟问知，子曰："务民之
yì jìng guǐ shén ér yuǎn zhī kě wèi zhì
义，敬鬼神而远之，可谓知
yǐ wèn rén yuē rén zhě xiān nán
矣。"问仁，曰："仁者先难
ér hòu huò kě wèi rén yǐ
而后获，可谓仁矣。"

zǐ yuē zhì zhě yào shuǐ rén zhě yào
6.23 子曰："知者乐水，仁者乐
shān zhì zhě dòng rén zhě jìng zhì zhě
山。知者动，仁者静。知者
lè rén zhě shòu
乐，仁者寿。"

zǐ yuē qí yí biàn zhì yú lǔ lǔ
6.24 子曰："齐一变，至于鲁；鲁
yí biàn zhì yú dào
一变，至于道。"

zǐ yuē gū bù gū gū zāi gū
6.25 子曰："觚不觚，觚哉？觚
zāi
哉？"

zǎi wǒ wèn yuē rén zhě suī gào
6.26 宰我问曰："仁者，虽告
zhī yuē jǐng yǒu rén yān qí cóng zhī
之曰'井有仁焉'，其从之
yě zǐ yuē hé wèi qí rán yě
也？"子曰："何为其然也？
jūn zǐ kě shì yě bù kě xiàn yě kě
君子可逝也，不可陷也；可
qī yě bù kě wǎng yě
欺也，不可罔也。"

zǐ yuē jūn zǐ bó xué yú wén
6.27 子曰："君子博学于文，
yuē zhī yǐ lǐ yì kě yǐ fú pàn yǐ
约之以礼，亦可以弗畔矣
fú
夫！"

zǐ jiàn nán zǐ zǐ lù bú yuè fū zǐ
6.28 子见南子，子路不说。夫子
shì zhī yuē yú suǒ fǒu zhě tiān yàn
矢之曰："予所否者，天厌

zhī tiān yàn zhī
之！天厌之！”

zǐ yuē zhōng yōng zhī wéi dé yě qí
6.29 子曰：“中庸之为德也，其
zhì yǐ hū mín xiǎn jiǔ yǐ
至矣乎！民鲜久矣。”

zǐ gòng yuē rú yǒu bó shī yú mín
6.30 子贡曰：“如有博施于民
ér néng jì zhòng hé rú kě wèi rén
而能济众，何如？可谓仁
hū zǐ yuē hé shì yú rén
乎？”子曰：“何事于仁！
bì yě shèng hū yáo shùn qí yóu bìng
必也圣乎！尧舜其犹病
zhū fú rén zhě jǐ yù lì ér lì
诸！夫仁者，己欲立而立
rén jǐ yù dá ér dá rén néng jìn qǔ
人，己欲达而达人。能近取
pì kě wèi rén zhī fāng yě yǐ
譬，可谓仁之方也已。”

shù ér dì qī
述而第七

zǐ yuē shù ér bú zuò xìn ér hào gǔ qiè bǐ yú wǒ lǎo péng

7.1 子曰："述而不作，信而好古，窃比于我老彭。"

zǐ yuē mò ér zhì zhī xué ér bú yàn huì rén bú juàn hé yǒu yú wǒ zāi

7.2 子曰："默而识之，学而不厌，诲人不倦，何有于我哉？"

zǐ yuē dé zhī bù xiū xué zhī bù jiǎng wén yì bù néng xǐ bú shàn bù néng gǎi shì wú yōu yě

7.3 子曰："德之不修，学之不讲，闻义不能徙，不善不能改，是吾忧也。"

zǐ zhī yàn jū shēn shēn rú yě yāo yāo
7.4 子之燕居，申申如也，夭夭
rú yě
如也。

zǐ yuē shèn yǐ wú shuāi yě jiǔ
7.5 子曰："甚矣，吾衰也！久
yǐ wú bú fù mèng jiàn zhōu gōng
矣，吾不复梦见周公！"

zǐ yuē zhì yú dào jù yú dé yī
7.6 子曰："志于道，据于德，依
yú rén yóu yú yì
于仁，游于艺。"

zǐ yuē zì xíng shù xiū yǐ shàng wú wèi
7.7 子曰："自行束脩以上，吾未
cháng wú huì yān
尝无诲焉。"

zǐ yuē bú fèn bù qǐ bù fěi bù
7.8 子曰："不愤不启，不悱不
fā jǔ yī yú bù yǐ sān yú fǎn zé
发。举一隅不以三隅反，则
bú fù yě
不复也。"

7.9 子食于有丧者之侧，未尝饱也。

7.10 子于是日哭，则不歌。

7.11 子谓颜渊曰："用之则行，舍之则藏，唯我与尔有是夫！"子路曰："子行三军，则谁与？"子曰："暴虎冯河，死而无悔者，吾不与也。必也临事而惧，好谋而成者也。"

7.12 子曰："富而可求也，虽执鞭之士，吾亦为之。如不可求，从吾所好。"

zǐ zhī suǒ shèn zhāi zhàn jí
7.13 子之所慎：齐、战、疾。

zǐ zài qí wén sháo sān yuè bù zhī
7.14 子在齐，闻《韶》，三月不知
ròu wèi yuē bù tú wéi yuè zhī zhì
肉味，曰："不图为乐之至
yú sī yě
于斯也。"

rǎn yǒu yuē fū zǐ wèi wèi jūn hū
7.15 冉有曰："夫子为卫君乎？"
zǐ gòng yuē nuò wú jiāng wèn zhī
子贡曰："诺，吾将问之。"
rù yuē bó yí shū qí hé rén yě
入曰："伯夷叔齐何人也？"
yuē gǔ zhī xián rén yě yuē
曰："古之贤人也。"曰：
yuàn hū yuē qiú rén ér dé
"怨乎？"曰："求仁而得
rén yòu hé yuàn chū yuē fū zǐ
仁，又何怨？"出曰："夫子
bú wèi yě
不为也。"

zǐ yuē fàn shū shí yǐn shuǐ qū
7.16 子曰："饭疏食，饮水，曲

gōng ér zhěn zhī lè yì zài qí zhōng yǐ
肱而枕之，乐亦在其中矣。
bú yì ér fù qiě guì yú wǒ rú fú
不义而富且贵，于我如浮
yún
云。”

zǐ yuē jiā wǒ shù nián wǔ shí yǐ
7.17 子曰：“加我数年，五十以
xué yì kě yǐ wú dà guò yǐ
学，亦可以无大过矣。”

zǐ suǒ yǎ yán shī shū zhí
7.18 子所雅言，《诗》《书》、执
lǐ jiē yǎ yán yě
礼，皆雅言也。

shè gōng wèn kǒng zǐ yú zǐ lù zǐ lù bú
7.19 叶公问孔子于子路，子路不
duì zǐ yuē rǔ xī bù yuē qí
对。子曰：“女奚不曰：其
wéi rén yě fā fèn wàng shí lè yǐ wàng
为人也，发愤忘食，乐以忘
yōu bù zhī lǎo zhī jiāng zhì yún ěr
忧，不知老之将至云尔。”

zǐ yuē wǒ fēi shēng ér zhī zhī zhě
7.20 子曰：“我非生而知之者，

hào gǔ mǐn yǐ qiú zhī zhě yě
好古，敏以求之者也。”

7.21 zǐ bù yǔ guài lì luàn shén
子不语怪、力、乱、神。

7.22 zǐ yuē sān rén xíng bì yǒu wǒ shī yān zé qí shàn zhě ér cóng zhī qí bú shàn zhě ér gǎi zhī
子曰：“三人行，必有我师焉。择其善者而从之，其不善者而改之。”

7.23 zǐ yuē tiān shēng dé yú yú huán tuí qí rú yú hé
子曰：“天生德于予，桓魋其如予何？”

7.24 zǐ yuē èr sān zǐ yǐ wǒ wéi yǐn hū wú wú yǐn hū ěr wú wú xíng ér bù yǔ èr sān zǐ zhě shì qiū yě
子曰：“二三子以我为隐乎？吾无隐乎尔。吾无行而不与二三子者，是丘也。”

zǐ yǐ sì jiào wén xíng zhōng xìn
7.25 子以四教：文、行、忠、信。

zǐ yuē shèng rén wú bù dé ér
7.26 子曰：“圣人，吾不得而
jiàn zhī yǐ dé jiàn jūn zǐ zhě sī kě
见之矣，得见君子者斯可
yǐ zǐ yuē shàn rén wú bù dé
矣。”子曰：“善人，吾不得
ér jiàn zhī yǐ dé jiàn yǒu héng zhě sī kě
而见之矣，得见有恒者斯可
yǐ wú ér wéi yǒu xū ér wéi yíng
矣。亡而为有，虚而为盈，
yuē ér wéi tài nán hū yǒu héng yǐ
约而为泰，难乎有恒矣。”

zǐ diào ér bù gāng yì bú shè sù
7.27 子钓而不纲，弋不射宿。

zǐ yuē gài yǒu bù zhī ér zuò zhī
7.28 子曰：“盖有不知而作之
zhě wǒ wú shì yě duō wén zé qí
者，我无是也。多闻，择其
shàn zhě ér cóng zhī duō jiàn ér zhì zhī
善者而从之；多见而识之，
zhī zhī cì yě
知之次也。”

hù xiāng nán yǔ yán tóng zǐ xiàn mén rén
7.29 互乡难与言。童子见，门人
huò zǐ yuē yǔ qí jìn yě bù
惑。子曰：“与其进也，不
yǔ qí tuì yě wéi hé shèn rén jié jǐ
与其退也，唯何甚？人洁己
yǐ jìn yǔ qí jié yě bù bǎo qí wǎng
以进，与其洁也，不保其往
yě
也。”

zǐ yuē rén yuǎn hū zāi wǒ yù
7.30 子曰：“仁远乎哉？我欲
rén sī rén zhì yǐ
仁，斯仁至矣。”

chén sī bài wèn zhāo gōng zhī lǐ hū
7.31 陈司败问：“昭公知礼乎？”
kǒng zǐ yuē zhī lǐ kǒng zǐ tuì
孔子曰：“知礼。”孔子退，
yī wū mǎ qī ér jìn zhī yuē
揖巫马期而进之，曰：“吾
wén jūn zǐ bù dǎng jūn zǐ yì dǎng hū
闻君子不党，君子亦党乎？
jūn qǔ yú wú wéi tóng xìng wèi zhī wú
君取于吴为同姓，谓之吴
mèng zǐ jūn ér zhī lǐ shú bù zhī
孟子。君而知礼，孰不知

lǐ wū mǎ qī yǐ gào zǐ yuē
礼？”巫马期以告。子曰：
qiū yě xìng gǒu yǒu guò rén bì zhī
“丘也幸，苟有过，人必知
zhī
之。”

zǐ yǔ rén gē ér shàn bì shǐ fǎn zhī
7.32 子与人歌而善，必使反之，
ér hòu hè zhī
而后和之。

zǐ yuē wén mò wú yóu rén yě
7.33 子曰：“文，莫吾犹人也。
gōng xíng jūn zǐ zé wú wèi zhī yǒu
躬行君子，则吾未之有
dé
得。”

zǐ yuē ruò shèng yǔ rén zé wú qǐ
7.34 子曰：“若圣与仁，则吾岂
gǎn yì wéi zhī bú yàn huì rén bú
敢？抑为之不厌，诲人不
juàn zé kě wèi yún ěr yǐ yǐ gōng
倦，则可谓云尔已矣。”公
xī huá yuē zhèng wéi dì zǐ bù néng xué
西华曰：“正唯弟子不能学
yě
也。”

zǐ jí bìng, zǐ lù qǐng dǎo. zǐ yuē:
7.35 子疾病，子路请祷。子曰：
“yǒu zhū?” zǐ lù duì yuē: “yǒu
“有诸？”子路对曰：“有
zhī. lěi yuē: ‘dǎo ěr yú shàng xià
之。诔曰：‘祷尔于上下
shén qí.’” zǐ yuē: “qiū zhī dǎo jiǔ
神祇。’”子曰：“丘之祷久
yǐ.”
矣。”

zǐ yuē: “shē zé bú xùn, jiǎn zé gù.
7.36 子曰：“奢则不孙，俭则固。
yǔ qí bú xùn yě, nìng gù.”
与其不孙也，宁固。”

zǐ yuē: “jūn zǐ tǎn dàng dàng, xiǎo rén
7.37 子曰：“君子坦荡荡，小人
cháng qī qī.”
长戚戚。”

zǐ wēn ér lì, wēi ér bù měng, gōng ér
7.38 子温而厉，威而不猛，恭而
ān.
安。

tài bó dì bā
泰伯第八

zǐ yuē tài bó qí kě wèi zhì dé yě
8.1 子曰："泰伯，其可谓至德也
yǐ yǐ sān yǐ tiān xià ràng mín wú dé
已矣。三以天下让，民无得
ér chēng yān
而称焉。"

zǐ yuē gōng ér wú lǐ zé láo shèn ér
8.2 子曰："恭而无礼则劳，慎而
wú lǐ zé xǐ yǒng ér wú lǐ zé luàn
无礼则葸，勇而无礼则乱，
zhí ér wú lǐ zé jiǎo jūn zǐ dǔ yú
直而无礼则绞。君子笃于
qīn zé mín xīng yú rén gù jiù bù
亲，则民兴于仁。故旧不
yí zé mín bù tōu
遗，则民不偷。"

zēng zǐ yǒu jí zhào mén dì zǐ yuē qǐ
8.3 曾子有疾，召门弟子曰："启

yú zú qǐ yú shǒu shī yún
予足！启予手！《诗》云：
zhàn zhàn jīng jīng rú lín shēn yuān rú lǚ
‘战战兢兢，如临深渊，如履
bó bīng ér jīn ér hòu wú zhī miǎn
薄冰。’而今而后，吾知免
fú xiǎo zǐ
夫！小子！”

zēng zǐ yǒu jí mèng jìng zǐ wèn zhī zēng
8.4 曾子有疾，孟敬子问之。曾
zǐ yán yuē niǎo zhī jiāng sǐ qí míng
子言曰：“鸟之将死，其鸣
yě āi rén zhī jiāng sǐ qí yán yě
也哀；人之将死，其言也
shàn jūn zǐ suǒ guì hū dào zhě sān
善。君子所贵乎道者三：
dòng róng mào sī yuǎn bào màn yǐ zhèng yán
动容貌，斯远暴慢矣；正颜
sè sī jìn xìn yǐ chū cí qì sī
色，斯近信矣；出辞气，斯
yuǎn bǐ bèi yǐ biān dòu zhī shì zé yǒu
远鄙倍矣。笾豆之事，则有
sī cún
司存。”

zēng zǐ yuē yǐ néng wèn yú bù néng
8.5 曾子曰：“以能问于不能，

yǐ duō wèn yú guǎ yǒu ruò wú shí ruò
以多问于寡。有若无，实若
xū fàn ér bú jiào xī zhě wú yǒu cháng
虚，犯而不校。昔者吾友尝
cóng shì yú sī yǐ
从事于斯矣。”

zēng zǐ yuē kě yǐ tuō liù chǐ zhī gū
8.6 曾子曰：“可以托六尺之孤，
kě yǐ jì bǎi lǐ zhī mìng lín dà jié ér
可以寄百里之命，临大节而
bù kě duó yě jūn zǐ rén yú jūn
不可夺也。君子人与？君
zǐ rén yě
子人也。”

zēng zǐ yuē shì bù kě yǐ bù hóng yì
8.7 曾子曰：“士不可以不弘毅，
rèn zhòng ér dào yuǎn rén yǐ wéi jǐ rèn
任重而道远。仁以为己任，
bú yì zhòng hū sǐ ér hòu yǐ bú yì
不亦重乎？死而后已，不亦
yuǎn hū
远乎？”

zǐ yuē xīng yú shī lì yú lǐ
8.8 子曰：“兴于《诗》，立于礼，
chéng yú yuè
成于乐。”

zǐ yuē mín kě shǐ yóu zhī bù kě shǐ
8.9 子曰："民可使由之，不可使
zhī zhī
知之。"

zǐ yuē hào yǒng jí pín luàn yě
8.10 子曰："好勇疾贫，乱也。
rén ér bù rén jí zhī yǐ shèn luàn
人而不仁，疾之已甚，乱
yě
也。"

zǐ yuē rú yǒu zhōu gōng zhī cái zhī
8.11 子曰："如有周公之才之
měi shǐ jiāo qiě lìn qí yú bù zú guān
美，使骄且吝，其余不足观
yě yǐ
也已。"

zǐ yuē sān nián xué bú zhì yú gǔ
8.12 子曰："三年学，不至于谷，
bú yì dé yě
不易得也。"

zǐ yuē dǔ xìn hào xué shǒu sǐ shàn
8.13 子曰："笃信好学，守死善
dào wēi bāng bú rù luàn bāng bù jū
道。危邦不入，乱邦不居。

tiān xià yǒu dào zé xiàn wú dào zé yǐn
天下有道则见，无道则隐。
bāng yǒu dào pín qiě jiàn yān chǐ yě
邦有道，贫且贱焉，耻也。
bāng wú dào fù qiě guì yān chǐ yě
邦无道，富且贵焉，耻也。”

zǐ yuē bú zài qí wèi bù móu qí zhèng
8.14 子曰：“不在其位，不谋其政。”

zǐ yuē shī zhì zhī shǐ guān jū zhī luàn yáng yáng hū yíng ěr zāi
8.15 子曰：“师挚之始，《关雎》之乱，洋洋乎盈耳哉！”

zǐ yuē kuáng ér bù zhí tóng ér bú yuàn kōng kōng ér bú xìn wú bù zhī zhī yǐ
8.16 子曰：“狂而不直，侗而不愿，悾悾而不信，吾不知之矣。”

zǐ yuē xué rú bù jí yóu kǒng shī zhī
8.17 子曰：“学如不及，犹恐失之。”

zǐ yuē wēi wēi hū shùn yǔ zhī yǒu
8.18 子曰："巍巍乎，舜禹之有
tiān xià yě ér bú yù yān
天下也，而不与焉！"

zǐ yuē dà zāi yáo zhī wéi jūn yě
8.19 子曰："大哉，尧之为君也！
wēi wēi hū wéi tiān wéi dà wéi yáo zé
巍巍乎，唯天为大，唯尧则
zhī dàng dàng hū mín wú néng míng yān
之。荡荡乎，民无能名焉。
wēi wēi hū qí yǒu chéng gōng yě huàn
巍巍乎，其有成功也。焕
hū qí yǒu wén zhāng
乎，其有文章。"

shùn yǒu chén wǔ rén ér tiān xià zhì wǔ
8.20 舜有臣五人而天下治。武
wáng yuē yǔ yǒu luàn chén shí rén
王曰："予有乱臣十人。"
kǒng zǐ yuē cái nán bù qí rán hū
孔子曰："才难，不其然乎？
táng yú zhī jì yú sī wéi shèng yǒu
唐虞之际，于斯为盛。有
fù rén yān jiǔ rén ér yǐ sān fēn tiān
妇人焉，九人而已。三分天
xià yǒu qí èr yǐ fú shì yīn zhōu zhī
下有其二，以服事殷。周之

dé qí kě wèi zhì dé yě yǐ yǐ
德，其可谓至德也已矣。”

zǐ yuē yǔ wú wú jiàn rán yǐ
8.21 子曰：“禹，吾无间然矣。

fěi yǐn shí ér zhì xiào hū guǐ shén è yī
菲饮食而致孝乎鬼神，恶衣

fú ér zhì měi hū fú miǎn bēi gōng shì ér
服而致美乎黻冕，卑宫室而

jìn lì hū gōu xù yǔ wú wú jiàn rán
尽力乎沟洫。禹，吾无间然

yǐ
矣。”

zǐ hǎn dì jiǔ
子罕第九

zǐ hǎn yán lì yǔ mìng yǔ rén
9.1 子罕言利。与命与仁。

dá xiàng dǎng rén yuē dà zāi kǒng zǐ
9.2 达巷党人曰："大哉孔子！
bó xué ér wú suǒ chéng míng zǐ wén
博学而无所成名。"子闻
zhī wèi mén dì zǐ yuē wú hé zhí
之，谓门弟子曰："吾何执？
zhí yù hū zhí shè hū wú zhí yù
执御乎？执射乎？吾执御
yǐ
矣。"

zǐ yuē má miǎn lǐ yě jīn yě
9.3 子曰："麻冕，礼也；今也
chún jiǎn wú cóng zhòng bài xià lǐ
纯，俭，吾从众。拜下，礼
yě jīn bài hū shàng tài yě suī wéi
也；今拜乎上，泰也。虽违

zhòng wú cóng xià
众，吾从下。”

zǐ jué sì wú yì wú bì wú gù
9.4 子绝四：毋意，毋必，毋固，
wú wǒ
毋我。

zǐ wèi yú kuāng yuē wén wáng jì mò
9.5 子畏于匡，曰：“文王既没，
wén bú zài zī hū tiān zhī jiāng sàng sī
文不在兹乎？天之将丧斯
wén yě hòu sǐ zhě bù dé yǔ yú sī wén
文也，后死者不得与于斯文
yě tiān zhī wèi sàng sī wén yě kuāng rén
也；天之未丧斯文也，匡人
qí rú yú hé
其如予何？”

tài zǎi wèn yú zǐ gòng yuē fū zǐ shèng
9.6 太宰问于子贡曰：“夫子圣
zhě yú hé qí duō néng yě zǐ gòng
者与？何其多能也？”子贡
yuē gù tiān zòng zhī jiāng shèng yòu duō
曰：“固天纵之将圣，又多
néng yě zǐ wén zhī yuē tài zǎi zhī
能也。”子闻之曰：“太宰知
wǒ hū wú shào yě jiàn gù duō néng bǐ
我乎？吾少也贱，故多能鄙

shì jūn zǐ duō hū zāi bù duō yě
事。君子多乎哉？不多也。”

9.7 láo yuē zǐ yún wú bú shì gù yì
牢曰：“子云：‘吾不试，故艺。’”

9.8 zǐ yuē wú yǒu zhī hū zāi wú zhī yě yǒu bǐ fū wèn yú wǒ kōng kōng rú yě wǒ kòu qí liǎng duān ér jié yān
子曰：“吾有知乎哉？无知也。有鄙夫问于我，空空如也，我叩其两端而竭焉。”

9.9 zǐ yuē fèng niǎo bú zhì hé bù chū tú wú yǐ yǐ fú
子曰：“凤鸟不至，河不出图，吾已矣夫！”

9.10 zǐ jiàn zī cuī zhě miǎn yī cháng zhě yǔ gǔ zhě jiàn zhī suī shào bì zuò guò zhī bì qū
子见齐衰者，冕衣裳者与瞽者，见之，虽少，必作；过之，必趋。

yán yuān kuì rán tàn yuē yǎng zhī mí
9.11 颜渊喟然叹曰："仰之弥
gāo zuān zhī mí jiān zhān zhī zài qián
高，钻之弥坚。瞻之在前，
hū yān zài hòu fū zǐ xún xún rán shàn
忽焉在后。夫子循循然善
yòu rén bó wǒ yǐ wén yuē wǒ yǐ
诱人，博我以文，约我以
lǐ yù bà bù néng jì jié wú cái
礼，欲罢不能。既竭吾才，
rú yǒu suǒ lì zhuó ěr suī yù cóng zhī
如有所立卓尔，虽欲从之，
mò yóu yě yǐ
末由也矣。"

zǐ jí bìng zǐ lù shǐ mén rén wéi chén
9.12 子疾病，子路使门人为臣。
bìng jiàn yuē jiǔ yǐ zāi yóu zhī xíng
病间，曰："久矣哉，由之行
zhà yě wú chén ér wéi yǒu chén wú shuí
诈也！无臣而为有臣，吾谁
qī qī tiān hū qiě yú yǔ qí sǐ
欺？欺天乎？且予与其死
yú chén zhī shǒu yě wú nìng sǐ yú èr sān
于臣之手也，无宁死于二三
zǐ zhī shǒu hū qiě yú zòng bù dé dà
子之手乎！且予纵不得大
zàng yú sǐ yú dào lù hū
葬，予死于道路乎？"

zǐ gòng yuē yǒu měi yù yú sī yùn
9.13 子贡曰："有美玉于斯，韫
dú ér cáng zhū qiú shàn gǔ ér gū
椟而藏诸？求善贾而沽
zhū zǐ yuē gū zhī zāi gū
诸？"子曰："沽之哉！沽
zhī zāi wǒ dài gǔ zhě yě
之哉！我待贾者也。"

zǐ yù jū jiǔ yí huò yuē lòu
9.14 子欲居九夷。或曰："陋，
rú zhī hé zǐ yuē jūn zǐ jū
如之何？"子曰："君子居
zhī hé lòu zhī yǒu
之，何陋之有？"

zǐ yuē wú zì wèi fǎn lǔ rán hòu
9.15 子曰："吾自卫反鲁，然后
yuè zhèng yǎ sòng gè dé qí
乐正，《雅》《颂》各得其
suǒ
所。"

zǐ yuē chū zé shì gōng qīng rù zé
9.16 子曰："出则事公卿，入则
shì fù xiōng sāng shì bù gǎn bù miǎn bù
事父兄，丧事不敢不勉，不
wéi jiǔ kùn hé yǒu yú wǒ zāi
为酒困，何有于我哉？"

zǐ zài chuān shàng yuē shì zhě rú sī
9.17 子在川上曰："逝者如斯
fú bù shě zhòu yè
夫！不舍昼夜。"

zǐ yuē wú wèi jiàn hào dé rú hào sè
9.18 子曰："吾未见好德如好色
zhě yě
者也。"

zǐ yuē pì rú wéi shān wèi chéng yí
9.19 子曰："譬如为山，未成一
kuì zhǐ wú zhǐ yě pì rú píng dì
篑，止，吾止也。譬如平地，
suī fù yí kuì jìn wú wǎng yě
虽覆一篑，进，吾往也。"

zǐ yuē yù zhī ér bú duò zhě qí
9.20 子曰："语之而不惰者，其
huí yě yú
回也与！"

zǐ wèi yán yuān yuē xī hū wú
9.21 子谓颜渊，曰："惜乎！吾
jiàn qí jìn yě wèi jiàn qí zhǐ yě
见其进也，未见其止也。"

zǐ yuē miáo ér bú xiù zhě yǒu yǐ
9.22 子曰："苗而不秀者有矣

fú xiù ér bù shí zhě yǒu yǐ fú
夫！秀而不实者有矣夫！”

9.23 zǐ yuē hòu shēng kě wèi yān zhī lái
子曰：“后生可畏，焉知来
zhě zhī bù rú jīn yě sì shí wǔ shí
者之不如今也？四十、五十
ér wú wén yān sī yì bù zú wèi yě
而无闻焉，斯亦不足畏也
yǐ
已。”

9.24 zǐ yuē fǎ yǔ zhī yán néng wú cóng
子曰：“法语之言，能无从
hū gǎi zhī wéi guì xùn yǔ zhī yán
乎？改之为贵。巽与之言，
néng wú yuè hū yì zhī wéi guì yuè
能无说乎？绎之为贵。说
ér bú yì cóng ér bù gǎi wú mò rú
而不绎，从而不改，吾末如
zhī hé yě yǐ yǐ
之何也已矣。”

9.25 zǐ yuē zhǔ zhōng xìn wú yǒu bù rú
子曰：“主忠信，毋友不如
jǐ zhě guò zé wù dàn gǎi
己者，过则勿惮改。”

9.26 子曰："三军可夺帅也，匹夫不可夺志也。"

9.27 子曰："衣敝缊袍，与衣狐貉者立而不耻者，其由也与！'不忮不求，何用不臧？'"子路终身诵之。子曰："是道也，何足以臧？"

9.28 子曰："岁寒，然后知松柏之后凋也。"

9.29 子曰："知者不惑，仁者不忧，勇者不惧。"

9.30 子曰："可与共学，未可与

shì dào kě yǔ shì dào wèi kě yǔ
适道。可与适道，未可与
lì kě yǔ lì wèi kě yǔ quán
立。可与立，未可与权。”

táng dì zhī huā piān qí fān ér qǐ
9.31 “唐棣之华，偏其反而。岂
bù ěr sī shì shì yuǎn ér zǐ
不尔思？室是远而。”子
yuē wèi zhī sī yě fú hé yuǎn zhī
曰：“未之思也，夫何远之
yǒu
有？”

xiāng dǎng dì shí
乡党第十

kǒng zǐ yú xiāng dǎng xún xún rú yě sì
10.1 孔子于乡党，恂恂如也，似
bù néng yán zhě qí zài zōng miào cháo tíng
不能言者；其在宗庙朝廷，
pián pián yán wéi jǐn ěr
便便言，唯谨尔。

cháo yǔ xià dà fū yán kǎn kǎn rú yě
10.2 朝，与下大夫言，侃侃如也；
yǔ shàng dà fū yán yín yín rú yě jūn
与上大夫言，訚訚如也；君
zài cù jí rú yě yú yú rú yě
在，踧踖如也，与与如也。

jūn zhào shǐ bìn sè bó rú yě zú jué
10.3 君召使摈，色勃如也，足躩
rú yě yī suǒ yǔ lì zuǒ yòu shǒu
如也；揖所与立，左右手，
yī qián hòu chān rú yě qū jìn yì
衣前后，襜如也；趋进，翼

rú yě bīn tuì bì fù mìng yuē bīn
如也；宾退，必复命曰：“宾
bú gù yǐ
不顾矣。”

rù gōng mén jū gōng rú yě rú bù
10.4 入公门，鞠躬如也，如不
róng lì bù zhōng mén xíng bù lǚ yù
容。立不中门，行不履阈。
guò wèi sè bó rú yě zú jué rú yě
过位，色勃如也，足躩如也，
qí yán sì bù zú zhě shè zī shēng táng
其言似不足者。摄齐升堂，
jū gōng rú yě bǐng qì sì bù xī zhě
鞠躬如也，屏气似不息者。
chū jiàng yì děng chěng yán sè yí yí rú
出，降一等，逞颜色，怡怡如
yě mò jiē qū jìn yì rú yě
也。没阶，趋进，翼如也。
fù qí wèi cù jí rú yě
复其位，踧踖如也。

zhí guī jū gōng rú yě rú bú shèng
10.5 执圭，鞠躬如也，如不胜。
shàng rú yī xià rú shòu bó rú zhàn
上如揖，下如授。勃如战
sè zú sù sù rú yǒu xún xiǎng lǐ
色，足蹜蹜如有循。享礼，

yǒu róng sè　sī dí　yú yú rú yě
有容色。私觌，愉愉如也。

10.6 jūn zǐ bù yǐ gàn zōu shì　hóng zǐ bù
君子不以绀緅饰。红紫不
yǐ wéi xiè fú　dāng shǔ　zhěn chī xì
以为亵服。当暑，袗絺绤，
bì biǎo ér chū zhī　zī yī gāo qiú
必表而出之。缁衣羔裘，
sù yī ní qiú　huáng yī hú qiú　xiè qiú
素衣麑裘，黄衣狐裘。亵裘
cháng　duǎn yòu mèi　bì yǒu qǐn yī　cháng
长，短右袂。必有寝衣，长
yì shēn yòu bàn　hú hé zhī hòu yǐ jū
一身有半。狐貉之厚以居。
qù sāng　wú suǒ bú pèi　fēi wéi cháng
去丧，无所不佩。非帷裳，
bì shài zhī　gāo qiú xuán guān bù yǐ diào
必杀之。羔裘玄冠不以吊。
jí yuè　bì cháo fú ér cháo
吉月，必朝服而朝。

10.7 zhāi　bì yǒu míng yī　bù　zhāi bì biàn
齐，必有明衣，布。齐必变
shí　jū bì qiān zuò
食，居必迁坐。

shí bú yàn jīng kuài bú yàn xì shí
10.8 食不厌精，脍不厌细。食
yì ér ài yú něi ér ròu bài bù shí
饐而餲，鱼馁而肉败，不食；
sè è bù shí xiù è bù shí shī
色恶，不食；臭恶，不食；失
rèn bù shí bù shí bù shí gē bú
饪，不食；不时，不食；割不
zhèng bù shí bù dé qí jiàng bù shí
正，不食；不得其酱，不食。
ròu suī duō bù shǐ shèng sì qì wéi
肉虽多，不使胜食气。唯
jiǔ wú liàng bù jí luàn gū jiǔ shì
酒无量，不及乱。沽酒市
fǔ bù shí bú chè jiāng shí bù duō
脯，不食。不撤姜食，不多
shí
食。

jì yú gōng bú sù ròu jì ròu bù
10.9 祭于公，不宿肉。祭肉，不
chū sān rì chū sān rì bù shí zhī yǐ
出三日。出三日，不食之矣。

shí bù yǔ qǐn bù yán
10.10 食不语，寝不言。

suī shū shí cài gēng guā jì bì zhāi rú yě
10.11 虽疏食、菜羹、瓜祭，必齐如也。

xí bú zhèng bú zuò
10.12 席不正，不坐。

xiāng rén yǐn jiǔ zhàng zhě chū sī chū yǐ
10.13 乡人饮酒，杖者出，斯出矣。

xiāng rén nuó cháo fú ér lì yú zuò jiē
10.14 乡人傩，朝服而立于阼阶。

wèn rén yú tā bāng zài bài ér sòng zhī
10.15 问人于他邦，再拜而送之。

kāng zǐ kuì yào bài ér shòu zhī yuē qiū wèi dá bù gǎn cháng
10.16 康子馈药，拜而受之，曰：“丘未达，不敢尝。”

jiù fén zǐ tuì cháo yuē shāng rén hū bú wèn mǎ
10.17 厩焚。子退朝，曰：“伤人乎？”不问马。

jūn cì shí bì zhèng xí xiān cháng zhī
10.18 君赐食，必正席先尝之。
jūn cì xīng bì shú ér jiàn zhī jūn
君赐腥，必熟而荐之。君
cì shēng bì xù zhī shì shí yú jūn
赐生，必畜之。侍食于君，
jūn jì xiān fàn
君祭，先饭。

jí jūn shì zhī dōng shǒu jiā cháo
10.19 疾，君视之。东首，加朝
fú tuō shēn
服，拖绅。

jūn mìng zhào bú sì jià xíng yǐ
10.20 君命召，不俟驾行矣。

rù tài miào měi shì wèn
10.21 入太庙，每事问。

péng yǒu sǐ wú suǒ guī yuē yú
10.22 朋友死，无所归，曰：“于
wǒ bìn
我殡。”

péng yǒu zhī kuì suī chē mǎ fēi jì
10.23 朋友之馈，虽车马，非祭
ròu bú bài
肉，不拜。

qǐn bù shī, jū bú kè.
10.24 寝不尸，居不客。

jiàn zī cuī zhě, suī xiá bì biàn. jiàn
10.25 见齐衰者，虽狎必变。见
miǎn zhě yǔ gǔ zhě, suī xiè bì yǐ mào.
冕者与瞽者，虽亵必以貌。
xiōng fú zhě shì zhī. shì fù bǎn zhě.
凶服者式之。式负版者。
yǒu shèng zhuàn, bì biàn sè ér zuò. xùn
有盛馔，必变色而作。迅
léi fēng liè, bì biàn.
雷风烈，必变。

shēng chē bì zhèng lì, zhí suí. chē zhōng
10.26 升车必正立，执绥。车中
bú nèi gù, bù jí yán, bù qīn zhǐ.
不内顾，不疾言，不亲指。

sè sī jǔ yǐ, xiáng ér hòu jí, yuē:
10.27 色斯举矣，翔而后集，曰：
shān liáng cí zhì! shí zāi! shí
“山梁雌雉！时哉！时
zāi! zǐ lù gǒng zhī, sān xiù ér
哉！”子路共之，三嗅而
zuò.
作。

xiān jìn dì shí yī

先进第十一

zǐ yuē xiān jìn yú lǐ yuè yě rén
11.1 子曰："先进于礼乐，野人
yě hòu jìn yú lǐ yuè jūn zǐ yě
也；后进于礼乐，君子也。
rú yòng zhī zé wú cóng xiān jìn
如用之，则吾从先进。"

zǐ yuē cóng wǒ yú chén cài zhě jiē
11.2 子曰："从我于陈蔡者，皆
bù jí mén yě
不及门也。"

dé xíng yán yuān mǐn zǐ qiān rǎn bó
11.3 德行：颜渊 闵子骞 冉伯
niú zhòng gōng yán yǔ zǎi wǒ zǐ
牛 仲弓。言语：宰我 子
gòng zhèng shì rǎn yǒu jì lù wén
贡。政事：冉有 季路。文
xué zǐ yóu zǐ xià
学：子游 子夏。

zǐ yuē huí yě fēi zhù wǒ zhě yě
11.4 子曰：“回也非助我者也，
yú wú yán wú suǒ bú yuè
于吾言无所不说。”

zǐ yuē xiào zāi mǐn zǐ qiān rén bú
11.5 子曰：“孝哉闵子骞！人不
jiàn yú qí fù mǔ kūn dì zhī yán
间于其父母昆弟之言。”

nán róng sān fù bái guī kǒng zǐ yǐ qí xiōng
11.6 南容三复白圭，孔子以其兄
zhī zǐ qì zhī
之子妻之。

jì kāng zǐ wèn dì zǐ shú wéi hào
11.7 季康子问：“弟子孰为好
xué kǒng zǐ duì yuē yǒu yán huí
学？”孔子对曰：“有颜回
zhě hào xué bú xìng duǎn mìng sǐ yǐ jīn
者好学，不幸短命死矣！今
yě zé wú
也则亡。”

yán yuān sǐ yán lù qǐng zǐ zhī chē yǐ wéi
11.8 颜渊死，颜路请子之车以为
zhī guǒ zǐ yuē cái bù cái yì
之椁。子曰：“才不才，亦

gè yán qí zǐ yě lǐ yě sǐ yǒu guān
各言其子也。鲤也死，有棺
ér wú guǒ wú bù tú xíng yǐ wéi zhī
而无椁。吾不徒行以为之
guǒ yǐ wú cóng dà fū zhī hòu bù kě
椁。以吾从大夫之后，不可
tú xíng yě
徒行也。”

yán yuān sǐ zǐ yuē yī tiān sàng
11.9 颜渊死，子曰：“噫！天丧
yú tiān sàng yú
予！天丧予！”

yán yuān sǐ zǐ kū zhī tòng cóng zhě
11.10 颜渊死，子哭之恸。从者
yuē zǐ tòng yǐ yuē yǒu
曰：“子恸矣！”曰：“有
tòng hū fēi fú rén zhī wèi tòng ér shuí
恸乎？非夫人之为恸而谁
wèi
为？”

yán yuān sǐ mén rén yù hòu zàng zhī
11.11 颜渊死，门人欲厚葬之。
zǐ yuē bù kě mén rén hòu zàng
子曰：“不可！”门人厚葬
zhī zǐ yuē huí yě shì yú yóu fù
之。子曰：“回也视予犹父

yě yú bù dé shì yóu zǐ yě fēi
也，予不得视犹子也。非
wǒ yě fú èr sān zǐ yě
我也，夫二三子也。”

jì lù wèn shì guǐ shén zǐ yuē wèi
11.12 季路问事鬼神，子曰：“未
néng shì rén yān néng shì guǐ yuē
能事人，焉能事鬼？”曰：
gǎn wèn sǐ yuē wèi zhī shēng
“敢问死？”曰：“未知生，
yān zhī sǐ
焉知死？”

mǐn zǐ shì cè yín yín rú yě zǐ
11.13 闵子侍侧，訚訚如也；子
lù hàng hàng rú yě rǎn yǒu zǐ gòng
路，行行如也；冉有、子贡，
kǎn kǎn rú yě zǐ lè ruò yóu
侃侃如也。子乐。“若由
yě bù dé qí sǐ rán
也，不得其死然。”

lǔ rén wéi cháng fǔ mǐn zǐ qiān yuē
11.14 鲁人为长府。闵子骞曰：
réng jiù guàn rú zhī hé hé bì gǎi
“仍旧贯，如之何？何必改
zuò zǐ yuē fú rén bù yán
作？”子曰：“夫人不言，

言必有中。”

11.15 子曰：“由之瑟，奚为于丘之门？”门人不敬子路。子曰：“由也升堂矣，未入于室也。”

11.16 子贡问：“师与商也孰贤？”子曰：“师也过，商也不及。”曰：“然则师愈与？”子曰：“过犹不及。”

11.17 季氏富于周公，而求也为之聚敛而附益之。子曰：“非吾徒也，小子鸣鼓而攻之可也。”

chái yě yú shēn yě lǔ shī yě pì
11.18 柴也愚，参也鲁，师也辟，
yóu yě yàn
由也喭。

zǐ yuē huí yě qí shù hū lǚ
11.19 子曰："回也其庶乎？屡
kōng cì bú shòu mìng ér huò zhí yān
空。赐不受命，而货殖焉，
yì zé lǚ zhòng
亿则屡中。"

zǐ zhāng wèn shàn rén zhī dào zǐ yuē
11.20 子张问善人之道。子曰：
bú jiàn jì yì bú rù yú shì
"不践迹，亦不入于室。"

zǐ yuē lùn dǔ shì yǔ jūn zǐ zhě
11.21 子曰："论笃是与。君子者
hū sè zhuāng zhě hū
乎？色庄者乎？"

zǐ lù wèn wén sī xíng zhū zǐ
11.22 子路问："闻斯行诸？"子
yuē yǒu fù xiōng zài rú zhī hé qí
曰："有父兄在，如之何其
wén sī xíng zhī rǎn yǒu wèn wén
闻斯行之？"冉有问："闻

sī xíng zhū zǐ yuē wén sī xíng
斯行诸？”子曰：“闻斯行
zhī gōng xī huá yuē yóu yě wèn
之。”公西华曰：“由也问
wén sī xíng zhū zǐ yuē yǒu fù
‘闻斯行诸’，子曰‘有父
xiōng zài qiú yě wèn wén sī xíng
兄在’；求也问‘闻斯行
zhū zǐ yuē wén sī xíng zhī chì
诸’，子曰‘闻斯行之’。赤
yě huò gǎn wèn zǐ yuē qiú yě
也惑，敢问。”子曰：“求也
tuì gù jìn zhī yóu yě jiān rén gù
退，故进之；由也兼人，故
tuì zhī
退之。”

zǐ wèi yú kuāng yán yuān hòu zǐ yuē
11.23 子畏于匡，颜渊后。子曰：
wú yǐ rǔ wéi sǐ yǐ yuē zǐ
“吾以女为死矣。”曰：“子
zài huí hé gǎn sǐ
在，回何敢死？”

jì zǐ rán wèn zhòng yóu rǎn qiú kě
11.24 季子然问：“仲由冉求可
wèi dà chén yú zǐ yuē wú yǐ
谓大臣与？”子曰：“吾以

zǐ wéi yì zhī wèn zēng yóu yǔ qiú zhī
子为异之问，曾由与求之
wèn suǒ wèi dà chén zhě yǐ dào shì
问！所谓大臣者，以道事
jūn bù kě zé zhǐ jīn yóu yǔ qiú
君，不可则止。今由与求
yě kě wèi jù chén yǐ yuē rán
也，可谓具臣矣。”曰：“然
zé cóng zhī zhě yú zǐ yuē shì
则从之者与？”子曰：“弑
fù yǔ jūn yì bù cóng yě
父与君，亦不从也！”

zǐ lù shǐ zǐ gāo wéi bì zǎi zǐ yuē
11.25 子路使子羔为费宰。子曰：
zéi fú rén zhī zǐ zǐ lù yuē
“贼夫人之子。”子路曰：
yǒu mín rén yān yǒu shè jì yān hé
“有民人焉，有社稷焉，何
bì dú shū rán hòu wéi xué zǐ
必读书，然后为学？”子
yuē shì gù wù fú nìng zhě
曰：“是故恶夫佞者。”

zǐ lù zēng xī rǎn yǒu gōng xī huá shì
11.26 子路曾皙冉有公西华侍
zuò zǐ yuē yǐ wú yī rì zhǎng
坐。子曰：“以吾一日长

hū ěr wú wú yǐ yě jū zé yuē
乎尔，毋吾以也。居则曰：

bù wú zhī yě rú huò zhī ěr
‘不吾知也！’如或知尔，

zé hé yǐ zāi zǐ lù shuài ěr ér
则何以哉？”子路率尔而

duì yuē qiān shèng zhī guó shè hū dà
对曰：“千乘之国，摄乎大

guó zhī jiān jiā zhī yǐ shī lǚ yīn zhī
国之间，加之以师旅，因之

yǐ jī jǐn yóu yě wéi zhī bì jí sān
以饥馑，由也为之，比及三

nián kě shǐ yǒu yǒng qiě zhī fāng yě
年，可使有勇，且知方也。”

fū zǐ shěn zhī qiú ěr hé
夫子哂之。“求！尔何

rú duì yuē fāng liù qī shí
如？”对曰：“方六七十，

rú wǔ liù shí qiú yě wéi zhī bì
如五六十，求也为之，比

jí sān nián kě shǐ zú mín rú qí
及三年，可使足民。如其

lǐ yuè yǐ sì jūn zǐ chì
礼乐，以俟君子。”“赤！

ěr hé rú duì yuē fēi yuē néng
尔何如？”对曰：“非曰能

zhī yuàn xué yān zōng miào zhī shì rú
之，愿学焉。宗庙之事，如

huì tóng duān zhāng fǔ yuàn wéi xiǎo xiàng
会同，端章甫，愿为小相

yān diǎn ěr hé rú gǔ
焉。”“点！尔何如？”鼓

sè xī kēng ěr shě sè ér zuò duì
瑟希，铿尔，舍瑟而作，对

yuē yì hū sān zǐ zhě zhī zhuàn
曰：“异乎三子者之撰。”

zǐ yuē hé shāng hū yì gè yán
子曰：“何伤乎？亦各言

qí zhì yě yuē mù chūn zhě
其志也。”曰：“莫春者，

chūn fú jì chéng guàn zhě wǔ liù rén
春服既成，冠者五六人，

tóng zǐ liù qī rén yù hū yí fēng
童子六七人，浴乎沂，风

hū wǔ yú yǒng ér guī fū zǐ kuì
乎舞雩，咏而归。”夫子喟

rán tàn yuē wú yǔ diǎn yě sān
然叹曰：“吾与点也！”三

zǐ zhě chū zēng xī hòu zēng xī yuē
子者出，曾皙后。曾皙曰：

fú sān zǐ zhě zhī yán hé rú zǐ
“夫三子者之言何如？”子

yuē yì gè yán qí zhì yě yǐ yǐ
曰：“亦各言其志也已矣。”

yuē fū zǐ hé shěn yóu yě yuē
曰：“夫子何哂由也？”曰：

wéi guó yǐ lǐ qí yán bú ràng shì
“为国以礼，其言不让，是

gù shěn zhī wéi qiú zé fēi bāng yě
故哂之。”“唯求则非邦也

yú ān jiàn fāng liù qī shí rú wǔ
与？”“安见方六七十如五

liù shí ér fēi bāng yě zhě wéi chì
六十而非邦也者？”“唯赤

zé fēi bāng yě yú zōng miào huì
则非邦也与？”“宗庙会

tóng fēi zhū hóu ér hé chì yě wéi
同，非诸侯而何？赤也为

zhī xiǎo shú néng wéi zhī dà
之小，孰能为之大？”

yán yuān dì shí èr
颜渊第十二

12.1 yán yuān wèn rén, zǐ yuē: "kè jǐ fù
颜渊问仁，子曰："克己复
lǐ wéi rén. yí rì kè jǐ fù lǐ, tiān
礼为仁。一日克己复礼，天
xià guī rén yān. wéi rén yóu jǐ, ér yóu
下归仁焉。为仁由己，而由
rén hū zāi?" yán yuān yuē: "qǐng wèn
人乎哉？"颜渊曰："请问
qí mù." zǐ yuē: "fēi lǐ wù shì,
其目。"子曰："非礼勿视，
fēi lǐ wù tīng, fēi lǐ wù yán, fēi lǐ
非礼勿听，非礼勿言，非礼
wù dòng." yán yuān yuē: "huí suī bù
勿动。"颜渊曰："回虽不
mǐn, qǐng shì sī yǔ yǐ."
敏，请事斯语矣。"

12.2 zhòng gōng wèn rén, zǐ yuē: "chū mén rú
仲弓问仁，子曰："出门如

jiàn dà bīn shǐ mín rú chéng dà jì
见大宾，使民如承大祭。
jǐ suǒ bú yù wù shī yú rén zài bāng
己所不欲，勿施于人。在邦
wú yuàn zài jiā wú yuàn zhòng gōng yuē
无怨，在家无怨。”仲弓曰：
yōng suī bù mǐn qǐng shì sī yǔ yǐ
“雍虽不敏，请事斯语矣。”

sī mǎ niú wèn rén zǐ yuē rén zhě
12.3 司马牛问仁，子曰：“仁者，
qí yán yě rèn yuē qí yán yě
其言也讱。”曰：“其言也
rèn sī wèi zhī rén yǐ hū zǐ yuē
讱，斯谓之仁已乎？”子曰：
wéi zhī nán yán zhī dé wú rèn hū
“为之难，言之得无讱乎？”

sī mǎ niú wèn jūn zǐ zǐ yuē jūn
12.4 司马牛问君子，子曰：“君
zǐ bù yōu bú jù yuē bù yōu bú
子不忧不惧。”曰：“不忧不
jù sī wèi zhī jūn zǐ yǐ hū zǐ
惧，斯谓之君子已乎？”子
yuē nèi xǐng bú jiù fú hé yōu hé
曰：“内省不疚，夫何忧何
jù
惧？”

sī mǎ niú yōu yuē rén jiē yǒu xiōng
12.5 司马牛忧曰：“人皆有兄
dì wǒ dú wú zǐ xià yuē shāng
弟，我独亡。”子夏曰：“商
wén zhī yǐ sǐ shēng yǒu mìng fù guì
闻之矣：‘死生有命，富贵
zài tiān jūn zǐ jìng ér wú shī yǔ
在天。’君子敬而无失，与
rén gōng ér yǒu lǐ sì hǎi zhī nèi jiē
人恭而有礼，四海之内皆
xiōng dì yě jūn zǐ hé huàn hū wú xiōng
兄弟也。君子何患乎无兄
dì yě
弟也？”

zǐ zhāng wèn míng zǐ yuē jìn rùn zhī
12.6 子张问明，子曰：“浸润之
zèn fū shòu zhī sù bù xíng yān kě
谮，肤受之愬，不行焉，可
wèi míng yě yǐ yǐ jìn rùn zhī zèn fū
谓明也已矣。浸润之谮，肤
shòu zhī sù bù xíng yān kě wèi yuǎn yě
受之愬，不行焉，可谓远也
yǐ yǐ
已矣。”

zǐ gòng wèn zhèng zǐ yuē zú shí
12.7 子贡问政，子曰：“足食，

zú bīng mín xìn zhī yǐ zǐ gòng yuē
足兵，民信之矣。”子贡曰：
bì bù dé yǐ ér qù yú sī sān zhě
“必不得已而去，于斯三者
hé xiān yuē qù bīng zǐ gòng
何先？”曰：“去兵。”子贡
yuē bì bù dé yǐ ér qù yú sī èr
曰：“必不得已而去，于斯二
zhě hé xiān yuē qù shí zì
者何先？”曰：“去食。自
gǔ jiē yǒu sǐ mín wú xìn bú lì
古皆有死，民无信不立。”

jí zǐ chéng yuē jūn zǐ zhì ér yǐ
12.8 棘子成曰：“君子质而已
yǐ hé yǐ wén wéi zǐ gòng yuē
矣，何以文为？”子贡曰：
xī hū fū zǐ zhī shuō jūn zǐ yě
“惜乎！夫子之说君子也！
sì bù jí shé wén yóu zhì yě zhì yóu
驷不及舌。文犹质也，质犹
wén yě hǔ bào zhī kuò yóu quǎn yáng zhī
文也。虎豹之鞟犹犬羊之
kuò
鞟。”

āi gōng wèn yú yǒu ruò yuē nián jī
12.9 哀公问于有若曰：“年饥，

yòng bù zú rú zhī hé yǒu ruò duì
用不足，如之何？”有若对

yuē hé chè hū yuē èr wú
曰：“盍彻乎？”曰：“二，吾

yóu bù zú rú zhī hé qí chè yě
犹不足，如之何其彻也？”

duì yuē bǎi xìng zú jūn shú yǔ
对曰：“百姓足，君孰与

bù zú bǎi xìng bù zú jūn shú yǔ
不足？百姓不足，君孰与

zú
足？”

zǐ zhāng wèn chóng dé biàn huò zǐ yuē
12.10 子张问崇德辨惑，子曰：

zhǔ zhōng xìn xǐ yì chóng dé yě
“主忠信，徙义，崇德也。

ài zhī yù qí shēng wù zhī yù qí sǐ
爱之欲其生，恶之欲其死，

jì yù qí shēng yòu yù qí sǐ shì
既欲其生，又欲其死，是

huò yě chéng bù yǐ fù yì zhǐ yǐ
惑也。‘诚不以富，亦只以

yì
异’。”

qí jǐng gōng wèn zhèng yú kǒng zǐ kǒng zǐ
12.11 齐景公问政于孔子。孔子

duì yuē jūn jūn chén chén fù fù
对曰："君君，臣臣，父父，
zǐ zǐ gōng yuē shàn zāi xìn
子子。"公曰："善哉！信
rú jūn bù jūn chén bù chén fù bú
如君不君，臣不臣，父不
fù zǐ bù zǐ suī yǒu sù wú dé
父，子不子，虽有粟，吾得
ér shí zhū
而食诸？"

zǐ yuē piàn yán kě yǐ zhé yù zhě
12.12 子曰："片言可以折狱者，
qí yóu yě yú zǐ lù wú sù nuò
其由也与？"子路无宿诺。

zǐ yuē tīng sòng wú yóu rén yě
12.13 子曰："听讼，吾犹人也。
bì yě shǐ wú sòng hū
必也使无讼乎！"

zǐ zhāng wèn zhèng zǐ yuē jū zhī wú
12.14 子张问政，子曰："居之无
juàn xíng zhī yǐ zhōng
倦，行之以忠。"

zǐ yuē bó xué yú wén yuē zhī yǐ
12.15 子曰："博学于文，约之以

lǐ yì kě yǐ fú pàn yǐ fú
礼，亦可以弗畔矣夫。”

zǐ yuē jūn zǐ chéng rén zhī měi bù
12.16 子曰：“君子成人之美，不
chéng rén zhī è xiǎo rén fǎn shì
成人之恶。小人反是。”

jì kāng zǐ wèn zhèng yú kǒng zǐ kǒng zǐ
12.17 季康子问政于孔子。孔子
duì yuē zhèng zhě zhèng yě zǐ shuài
对曰：“政者，正也。子帅
yǐ zhèng shú gǎn bú zhèng
以正，孰敢不正？”

jì kāng zǐ huàn dào wèn yú kǒng zǐ
12.18 季康子患盗，问于孔子。
kǒng zǐ duì yuē gǒu zǐ zhī bú yù
孔子对曰：“苟子之不欲，
suī shǎng zhī bú qiè
虽赏之不窃。”

jì kāng zǐ wèn zhèng yú kǒng zǐ yuē
12.19 季康子问政于孔子曰：
rú shā wú dào yǐ jiù yǒu dào hé
“如杀无道以就有道，何
rú kǒng zǐ duì yuē zǐ wéi
如？”孔子对曰：“子为

zhèng yān yòng shā zǐ yù shàn ér
政，焉用杀？子欲善，而
mín shàn yǐ jūn zǐ zhī dé fēng xiǎo
民善矣。君子之德风，小
rén zhī dé cǎo cǎo shàng zhī fēng bì
人之德草。草上之风，必
yǎn
偃。”

zǐ zhāng wèn shì hé rú sī kě wèi zhī
12.20 子张问：“士何如斯可谓之
dá yǐ zǐ yuē hé zāi ěr suǒ
达矣？”子曰：“何哉，尔所
wèi dá zhě zǐ zhāng duì yuē zài
谓达者？”子张对曰：“在
bāng bì wén zài jiā bì wén zǐ yuē
邦必闻，在家必闻。”子曰：
shì wén yě fēi dá yě fú dá yě
“是闻也，非达也。夫达也
zhě zhì zhí ér hào yì chá yán ér guān
者，质直而好义，察言而观
sè lǜ yǐ xià rén zài bāng bì dá
色，虑以下人。在邦必达，
zài jiā bì dá fú wén yě zhě sè qǔ
在家必达。夫闻也者，色取
rén ér xíng wéi jū zhī bù yí zài
仁而行违，居之不疑。在
bāng bì wén zài jiā bì wén
邦必闻，在家必闻。”

fán chí cóng yóu yú wǔ yú zhī xià yuē
12.21 樊迟从游于舞雩之下，曰：
gǎn wèn chóng dé xiū tè biàn huò
“敢问崇德，修慝，辨惑。”
zǐ yuē shàn zāi wèn xiān shì hòu
子曰：“善哉问！先事后
dé fēi chóng dé yú gōng qí è
得，非崇德与？攻其恶，
wú gōng rén zhī è fēi xiū tè yú
无攻人之恶，非修慝与？
yì zhāo zhī fèn wàng qí shēn yǐ jí qí
一朝之忿，忘其身，以及其
qīn fēi huò yú
亲，非惑与？”

fán chí wèn rén zǐ yuē ài rén
12.22 樊迟问仁，子曰：“爱人。”
wèn zhì zǐ yuē zhī rén fán
问知，子曰：“知人。”樊
chí wèi dá zǐ yuē jǔ zhí cuò
迟未达。子曰：“举直错
zhū wǎng néng shǐ wǎng zhě zhí fán chí
诸枉，能使枉者直。”樊迟
tuì jiàn zǐ xià yuē xiàng yě wú
退，见子夏曰：“乡也，吾
jiàn yú fū zǐ ér wèn zhì zǐ yuē
见于夫子而问知，子曰：
jǔ zhí cuò zhū wǎng néng shǐ wǎng zhě
‘举直错诸枉，能使枉者

zhí hé wèi yě zǐ xià yuē
直’，何谓也？”子夏曰：

fù zāi yán hū shùn yǒu tiān xià xuǎn
“富哉言乎！舜有天下，选

yú zhòng jǔ gāo yáo bù rén zhě yuǎn
于众，举皋陶，不仁者远

yǐ tāng yǒu tiān xià xuǎn yú zhòng jǔ
矣。汤有天下，选于众，举

yī yǐn bù rén zhě yuǎn yǐ
伊尹，不仁者远矣。”

zǐ gòng wèn yǒu zǐ yuē zhōng gào ér
12.23 子贡问友，子曰：“忠告而

shàn dǎo zhī bù kě zé zhǐ wú zì rǔ
善道之，不可则止，毋自辱

yān
焉。”

zēng zǐ yuē jūn zǐ yǐ wén huì yǒu
12.24 曾子曰：“君子以文会友，

yǐ yǒu fǔ rén
以友辅仁。”

zǐ lù dì shí sān

子路第十三

zǐ lù wèn zhèng zǐ yuē xiān zhī láo

13.1 子路问政，子曰："先之，劳

zhī qǐng yì yuē wú juàn

之。"请益，曰："无倦。"

zhòng gōng wéi jì shì zǎi wèn zhèng zǐ

13.2 仲弓为季氏宰，问政。子

yuē xiān yǒu sī shè xiǎo guò jǔ xián

曰："先有司，赦小过，举贤

cái yuē yān zhī xián cái ér jǔ

才。"曰："焉知贤才而举

zhī zǐ yuē jǔ ěr suǒ zhī ěr

之？"子曰："举尔所知；尔

suǒ bù zhī rén qí shě zhū

所不知，人其舍诸？"

zǐ lù yuē wèi jūn dài zǐ ér wéi

13.3 子路曰："卫君待子而为

zhèng zǐ jiāng xī xiān zǐ yuē bì

政，子将奚先？"子曰："必

yě zhèng míng hū zǐ lù yuē yǒu
也正名乎！”子路曰：“有
shì zāi zǐ zhī yū yě xī qí
是哉，子之迂也！奚其
zhèng zǐ yuē yě zāi yóu yě
正？”子曰：“野哉，由也！
jūn zǐ yú qí suǒ bù zhī gài quē rú
君子于其所不知，盖阙如
yě míng bú zhèng zé yán bú shùn yán
也。名不正则言不顺，言
bú shùn zé shì bù chéng shì bù chéng zé
不顺则事不成，事不成则
lǐ yuè bù xīng lǐ yuè bù xīng zé xíng fá
礼乐不兴，礼乐不兴则刑罚
bú zhòng xíng fá bú zhòng zé mín wú suǒ
不中，刑罚不中则民无所
cuò shǒu zú gù jūn zǐ míng zhī bì kě
措手足。故君子名之必可
yán yě yán zhī bì kě xíng yě jūn zǐ
言也，言之必可行也。君子
yú qí yán wú suǒ gǒu ér yǐ yǐ
于其言，无所苟而已矣。”

fán chí qǐng xué jià zǐ yuē wú bù
13.4 樊迟请学稼，子曰：“吾不
rú lǎo nóng qǐng xué wéi pǔ yuē
如老农。”请学为圃，曰：
wú bù rú lǎo pǔ fán chí chū
“吾不如老圃。”樊迟出。

zǐ yuē xiǎo rén zāi fán xū yě
子曰："小人哉，樊须也！
shàng hào lǐ zé mín mò gǎn bú jìng shàng
上好礼，则民莫敢不敬；上
hào yì zé mín mò gǎn bù fú shàng hào
好义，则民莫敢不服；上好
xìn zé mín mò gǎn bú yòng qíng fú rú
信，则民莫敢不用情。夫如
shì zé sì fāng zhī mín qiǎng fù qí zǐ
是，则四方之民襁负其子
ér zhì yǐ yān yòng jià
而至矣，焉用稼？"

zǐ yuē sòng shī sān bǎi shòu zhī
13.5 子曰："诵《诗》三百，授之
yǐ zhèng bù dá shǐ yú sì fāng bù néng
以政，不达；使于四方，不能
zhuān duì suī duō yì xī yǐ wéi
专对，虽多，亦奚以为？"

zǐ yuē qí shēn zhèng bú lìng ér xíng
13.6 子曰："其身正，不令而行；
qí shēn bú zhèng suī lìng bù cóng
其身不正，虽令不从。"

zǐ yuē lǔ wèi zhī zhèng xiōng dì
13.7 子曰："鲁卫之政，兄弟
yě
也。"

zǐ wèi wèi gōng zǐ jīng shàn jū shì shǐ
13.8 子谓卫公子荆善居室："始
yǒu yuē gǒu hé yǐ shǎo yǒu
有，曰：'苟合矣！'少有，
yuē gǒu wán yǐ fù yǒu yuē
曰：'苟完矣！'富有，曰：
gǒu měi yǐ
'苟美矣！'"

zǐ shì wèi rǎn yǒu pú zǐ yuē
13.9 子适卫，冉有仆。子曰：
shù yǐ zāi rǎn yǒu yuē jì shù
"庶矣哉！"冉有曰："既庶
yǐ yòu hé jiā yān yuē fù
矣，又何加焉？"曰："富
zhī yuē jì fù yǐ yòu hé jiā
之。"曰："既富矣，又何加
yān yuē jiào zhī
焉？"曰："教之。"

zǐ yuē gǒu yǒu yòng wǒ zhě jī yuè
13.10 子曰："苟有用我者，期月
ér yǐ kě yě sān nián yǒu chéng
而已可也，三年有成。"

zǐ yuē shàn rén wéi bāng bǎi nián
13.11 子曰："'善人为邦百年，
yì kě yǐ shèng cán qù shā yǐ chéng
亦可以胜残去杀矣。'诚

zāi shì yán yě
哉是言也！”

zǐ yuē rú yǒu wáng zhě bì shì ér
13.12 子曰：“如有王者，必世而
hòu rén
后仁。”

zǐ yuē gǒu zhèng qí shēn yǐ yú cóng
13.13 子曰：“苟正其身矣，于从
zhèng hū hé yǒu bù néng zhèng qí shēn
政乎何有？不能正其身，
rú zhèng rén hé
如正人何？”

rǎn zǐ tuì cháo zǐ yuē hé yàn
13.14 冉子退朝。子曰：“何晏
yě duì yuē yǒu zhèng zǐ
也？”对曰：“有政。”子
yuē qí shì yě rú yǒu zhèng suī
曰：“其事也。如有政，虽
bù wú yǐ wú qí yù wén zhī
不吾以，吾其与闻之。”

dìng gōng wèn yì yán ér kě yǐ xīng
13.15 定公问：“一言而可以兴
bāng yǒu zhū kǒng zǐ duì yuē
邦，有诸？”孔子对曰：

yán bù kě yǐ ruò shì qí jī yě
“言不可以若是其几也。
rén zhī yán yuē wéi jūn nán wéi chén
人之言曰：‘为君难，为臣
bú yì rú zhī wéi jūn zhī nán yě
不易。’如知为君之难也，
bù jī hū yì yán ér xīng bāng hū
不几乎一言而兴邦乎？”
yuē yì yán ér sàng bāng yǒu zhū
曰：“一言而丧邦，有诸？”
kǒng zǐ duì yuē yán bù kě yǐ ruò shì
孔子对曰：“言不可以若是
qí jī yě rén zhī yán yuē yú wú
其几也。人之言曰：‘予无
lè hū wéi jūn wéi qí yán ér mò yú
乐乎为君，唯其言而莫予
wéi yě rú qí shàn ér mò zhī wéi
违也。’如其善而莫之违
yě bú yì shàn hū rú bú shàn ér
也，不亦善乎？如不善而
mò zhī wéi yě bù jī hū yì yán ér
莫之违也，不几乎一言而
sàng bāng hū
丧邦乎？”

shè gōng wèn zhèng zǐ yuē jìn zhě
13.16 叶公问政，子曰：“近者
yuè yuǎn zhě lái
说，远者来。”

zǐ xià wéi jǔ fǔ zǎi wèn zhèng zǐ
13.17 子夏为莒父宰，问政。子
yuē wú yù sù wú jiàn xiǎo lì
曰："无欲速，无见小利。
yù sù zé bù dá jiàn xiǎo lì zé dà
欲速则不达，见小利则大
shì bù chéng
事不成。"

shè gōng yù kǒng zǐ yuē wú dǎng yǒu
13.18 叶公语孔子曰："吾党有
zhí gōng zhě qí fù rǎng yáng ér zǐ zhèng
直躬者，其父攘羊而子证
zhī kǒng zǐ yuē wú dǎng zhī zhí
之。"孔子曰："吾党之直
zhě yì yú shì fù wèi zǐ yǐn zǐ wèi
者异于是：父为子隐，子为
fù yǐn zhí zài qí zhōng yǐ
父隐，直在其中矣。"

fán chí wèn rén zǐ yuē jū chǔ
13.19 樊迟问仁，子曰："居处
gōng zhí shì jìng yǔ rén zhōng suī zhī
恭，执事敬，与人忠。虽之
yí dí bù kě qì yě
夷狄，不可弃也。"

zǐ gòng wèn yuē hé rú sī kě wèi zhī
13.20 子贡问曰：“何如斯可谓之
shì yǐ zǐ yuē xíng jǐ yǒu chǐ
士矣？”子曰：“行己有耻，
shǐ yú sì fāng bù rǔ jūn mìng kě wèi
使于四方，不辱君命，可谓
shì yǐ yuē gǎn wèn qí cì
士矣。”曰：“敢问其次？”
yuē zōng zú chēng xiào yān xiāng dǎng chēng
曰：“宗族称孝焉，乡党称
tì yān yuē gǎn wèn qí cì
弟焉。”曰：“敢问其次？”
yuē yán bì xìn xíng bì guǒ kēng
曰：“言必信，行必果，硁
kēng rán xiǎo rén zāi yì yì kě yǐ wéi
硁然小人哉，抑亦可以为
cì yǐ yuē jīn zhī cóng zhèng zhě
次矣。”曰：“今之从政者
hé rú zǐ yuē yī dǒu shāo
何如？”子曰：“噫！斗筲
zhī rén hé zú suàn yě
之人，何足算也？”

zǐ yuē bù dé zhōng xíng ér yǔ zhī
13.21 子曰：“不得中行而与之，
bì yě kuáng juàn hū kuáng zhě jìn qǔ
必也狂狷乎？狂者进取，
juàn zhě yǒu suǒ bù wéi yě
狷者有所不为也。”

zǐ yuē nán rén yǒu yán yuē rén
13.22 子曰："南人有言曰：'人
ér wú héng bù kě yǐ zuò wū yī
而无恒，不可以作巫医。'
shàn fú bù héng qí dé huò chéng
善夫！""不恒其德，或承
zhī xiū zǐ yuē bù zhān ér yǐ
之羞。"子曰："不占而已
yǐ
矣。"

zǐ yuē jūn zǐ hé ér bù tóng xiǎo
13.23 子曰："君子和而不同，小
rén tóng ér bù hé
人同而不和。"

zǐ gòng wèn yuē xiāng rén jiē hào
13.24 子贡问曰："乡人皆好
zhī hé rú zǐ yuē wèi kě
之，何如？"子曰："未可
yě xiāng rén jiē wù zhī hé
也。""乡人皆恶之，何
rú zǐ yuē wèi kě yě bù
如？"子曰："未可也。不
rú xiāng rén zhī shàn zhě hào zhī qí bú
如乡人之善者好之，其不
shàn zhě wù zhī
善者恶之。"

zǐ yuē jūn zǐ yì shì ér nán yuè
13.25 子曰：“君子易事而难说
yě yuè zhī bù yǐ dào bú yuè yě
也。说之不以道，不说也，
jí qí shǐ rén yě qì zhī xiǎo rén
及其使人也，器之。小人
nán shì ér yì yuè yě yuè zhī suī bù
难事而易说也。说之虽不
yǐ dào yuè yě jí qí shǐ rén yě
以道，说也，及其使人也，
qiú bèi yān
求备焉。”

zǐ yuē jūn zǐ tài ér bù jiāo xiǎo
13.26 子曰：“君子泰而不骄，小
rén jiāo ér bú tài
人骄而不泰。”

zǐ yuē gāng yì mù nè jìn
13.27 子曰：“刚，毅，木，讷，近
rén
仁。”

zǐ lù wèn yuē hé rú sī kě wèi
13.28 子路问曰：“何如斯可谓
zhī shì yǐ zǐ yuē qiè qiè sī
之士矣？”子曰：“切切偲
sī yí yí rú yě kě wèi shì yǐ
偲，怡怡如也，可谓士矣。

péng yǒu qiè qiè sī sī xiōng dì yí
朋友切切偲偲，兄弟怡
yí
怡。”

zǐ yuē shàn rén jiào mín qī nián yì
13.29 子曰：“善人教民七年，亦
kě yǐ jí róng yǐ
可以即戎矣。”

zǐ yuē yǐ bú jiào mín zhàn shì wèi
13.30 子曰：“以不教民战，是谓
qì zhī
弃之。”

xiàn wèn dì shí sì
宪问第十四

xiàn wèn chǐ zǐ yuē bāng yǒu dào gǔ
14.1 宪问耻，子曰：“邦有道，谷。
bāng wú dào gǔ chǐ yě kè
邦无道，谷，耻也。”“克、
fá yuàn yù bù xíng yān kě yǐ wéi rén
伐、怨、欲不行焉，可以为仁
yǐ zǐ yuē kě yǐ wéi nán yǐ
矣？”子曰：“可以为难矣，
rén zé wú bù zhī yě
仁则吾不知也。”

zǐ yuē shì ér huái jū bù zú yǐ
14.2 子曰：“士而怀居，不足以
wéi shì yǐ
为士矣。”

zǐ yuē bāng yǒu dào wēi yán wēi xíng
14.3 子曰：“邦有道，危言危行；
bāng wú dào wēi xíng yán xùn
邦无道，危行言孙。”

zǐ yuē yǒu dé zhě bì yǒu yán yǒu
14.4 子曰："有德者必有言，有
yán zhě bú bì yǒu dé rén zhě bì yǒu
言者不必有德。仁者必有
yǒng yǒng zhě bú bì yǒu rén
勇，勇者不必有仁。"

nán gōng kuò wèn yú kǒng zǐ yuē yì
14.5 南宫适问于孔子曰："羿
shàn shè ào dàng zhōu jù bù dé qí sǐ
善射，奡荡舟，俱不得其死
rán yǔ jì gōng jià ér yǒu tiān xià
然。禹稷躬稼而有天下。"
fū zǐ bù dá nán gōng kuò chū zǐ
夫子不答。南宫适出。子
yuē jūn zǐ zāi ruò rén shàng dé zāi
曰："君子哉若人！尚德哉
ruò rén
若人！"

zǐ yuē jūn zǐ ér bù rén zhě yǒu yǐ
14.6 子曰："君子而不仁者有矣
fú wèi yǒu xiǎo rén ér rén zhě yě
夫，未有小人而仁者也。"

zǐ yuē ài zhī néng wù láo hū
14.7 子曰："爱之，能勿劳乎？
zhōng yān néng wù huì hū
忠焉，能勿诲乎？"

zǐ yuē wéi mìng bì chén cǎo chuàng
14.8 子曰：“为命，裨谌草创
zhī shì shū tǎo lùn zhī xíng rén zǐ
之，世叔讨论之，行人子
yǔ xiū shì zhī dōng lǐ zǐ chǎn rùn sè
羽修饰之，东里子产润色
zhī
之。”

huò wèn zǐ chǎn zǐ yuē huì rén
14.9 或问子产，子曰：“惠人
yě wèn zǐ xī yuē bǐ zāi
也。”问子西，曰：“彼哉！
bǐ zāi wèn guǎn zhòng yuē rén
彼哉！”问管仲，曰：“人
yě duó bó shì pián yì sān bǎi fàn
也。夺伯氏骈邑三百，饭
shū shí mò chǐ wú yuàn yán
疏食，没齿无怨言。”

zǐ yuē pín ér wú yuàn nán fù ér
14.10 子曰：“贫而无怨难，富而
wú jiāo yì
无骄易。”

zǐ yuē mèng gōng chuò wéi zhào wèi lǎo zé
14.11 子曰：“孟公绰为赵魏老则
yōu bù kě yǐ wéi téng xuē dà fū
优，不可以为滕薛大夫。”

zǐ lù wèn chéng rén zǐ yuē ruò zāng
14.12 子路问成人，子曰：“若臧
wǔ zhòng zhī zhì gōng chuò zhī bú yù biàn
武仲之知，公绰之不欲，卞
zhuāng zǐ zhī yǒng rǎn qiú zhī yì wén
庄子之勇，冉求之艺，文
zhī yǐ lǐ yuè yì kě yǐ wéi chéng rén
之以礼乐，亦可以为成人
yǐ yuē jīn zhī chéng rén zhě hé
矣。”曰：“今之成人者何
bì rán jiàn lì sī yì jiàn wēi shòu
必然？见利思义，见危授
mìng jiǔ yāo bú wàng píng shēng zhī yán
命，久要不忘平生之言，
yì kě yǐ wéi chéng rén yǐ
亦可以为成人矣。”

zǐ wèn gōng shū wén zǐ yú gōng míng jiǎ
14.13 子问公叔文子于公明贾
yuē xìn hū fū zǐ bù yán bú
曰：“信乎，夫子不言、不
xiào bù qǔ hū gōng míng jiǎ duì
笑、不取乎？”公明贾对
yuē yǐ gào zhě guò yě fū zǐ
曰：“以告者过也。夫子
shí rán hòu yán rén bú yàn qí yán lè
时然后言，人不厌其言；乐
rán hòu xiào rén bú yàn qí xiào yì rán
然后笑，人不厌其笑；义然

hòu qǔ rén bú yàn qí qǔ zǐ yuē
后取，人不厌其取。”子曰：
qí rán qǐ qí rán hū
“其然？岂其然乎？”

zǐ yuē zāng wǔ zhòng yǐ fáng qiú wéi
14.14 子曰：“臧武仲以防求为
hòu yú lǔ suī yuē bù yāo jūn wú bú
后于鲁，虽曰不要君，吾不
xìn yě
信也。”

zǐ yuē jìn wén gōng jué ér bú zhèng
14.15 子曰：“晋文公谲而不正，
qí huán gōng zhèng ér bù jué
齐桓公正而不谲。”

zǐ lù yuē huán gōng shā gōng zǐ jiū
14.16 子路曰：“桓公杀公子纠，
shào hū sǐ zhī guǎn zhòng bù sǐ
召忽死之，管仲不死。”
yuē wèi rén hū zǐ yuē huán
曰：“未仁乎？”子曰：“桓
gōng jiǔ hé zhū hóu bù yǐ bīng chē guǎn
公九合诸侯，不以兵车，管
zhòng zhī lì yě rú qí rén rú qí
仲之力也！如其仁！如其
rén
仁！”

zǐ gòng yuē guǎn zhòng fēi rén zhě yú
14.17 子贡曰："管仲非仁者与？
huán gōng shā gōng zǐ jiū bù néng sǐ yòu
桓公杀公子纠，不能死，又
xiàng zhī zǐ yuē guǎn zhòng xiàng huán
相之。"子曰："管仲相桓
gōng bà zhū hóu yì kuāng tiān xià mín
公，霸诸侯，一匡天下，民
dào yú jīn shòu qí cì wēi guǎn zhòng
到于今受其赐。微管仲，
wú qí pī fà zuǒ rèn yǐ qǐ ruò pǐ
吾其被发左衽矣。岂若匹
fū pǐ fù zhī wéi liàng yě zì jīng yú
夫匹妇之为谅也，自经于
gōu dú ér mò zhī zhī yě
沟渎而莫之知也？"

gōng shū wén zǐ zhī chén dà fū xùn yǔ
14.18 公叔文子之臣大夫僎，与
wén zǐ tóng shēng zhū gōng zǐ wén zhī
文子同升诸公。子闻之
yuē kě yǐ wéi wén yǐ
曰："可以为文矣。"

zǐ yán wèi líng gōng zhī wú dào yě kāng
14.19 子言卫灵公之无道也，康
zǐ yuē fú rú shì xī ér bú
子曰："夫如是，奚而不

sàng kǒng zǐ yuē zhòng shū yǔ zhì
丧？”孔子曰：“仲叔圉治
bīn kè zhù tuó zhì zōng miào wáng sūn
宾客，祝鮀治宗庙，王孙
jiǎ zhì jūn lǚ fú rú shì xī qí
贾治军旅。夫如是，奚其
sàng
丧？”

zǐ yuē qí yán zhī bú zuò zé wéi
14.20 子曰：“其言之不怍，则为
zhī yě nán
之也难。”

chēn chéng zǐ shì jiǎn gōng kǒng zǐ mù
14.21 陈成子弑简公。孔子沐
yù ér cháo gào yú āi gōng yuē chén
浴而朝，告于哀公曰：“陈
héng shì qí jūn qǐng tǎo zhī gōng
恒弑其君，请讨之。”公
yuē gào fú sān zǐ kǒng zǐ yuē
曰：“告夫三子。”孔子曰：
yǐ wú cóng dà fū zhī hòu bù gǎn bú
“以吾从大夫之后，不敢不
gào yě jūn yuē gào fú sān zǐ
告也。君曰‘告夫三子’
zhě zhī sān zǐ gào bù kě kǒng
者！”之三子告，不可。孔

zǐ yuē yǐ wú cóng dà fū zhī hòu
子曰："以吾从大夫之后，
bù gǎn bú gào yě
不敢不告也。"

zǐ lù wèn shì jūn zǐ yuē wù qī
14.22 子路问事君，子曰："勿欺
yě ér fàn zhī
也，而犯之。"

zǐ yuē jūn zǐ shàng dá xiǎo rén xià
14.23 子曰："君子上达，小人下
dá
达。"

zǐ yuē gǔ zhī xué zhě wèi jǐ jīn
14.24 子曰："古之学者为己，今
zhī xué zhě wèi rén
之学者为人。"

qú bó yù shǐ rén yú kǒng zǐ kǒng zǐ
14.25 蘧伯玉使人于孔子。孔子
yǔ zhī zuò ér wèn yān yuē fū zǐ
与之坐而问焉，曰："夫子
hé wéi duì yuē fū zǐ yù guǎ
何为？"对曰："夫子欲寡
qí guò ér wèi néng yě shǐ zhě chū
其过而未能也。"使者出，

子曰："使乎！使乎！"

14.26 子曰："不在其位，不谋其政。"曾子曰："君子思不出其位。"

14.27 子曰："君子耻其言而过其行。"

14.28 子曰："君子道者三，我无能焉：仁者不忧，知者不惑，勇者不惧。"子贡曰："夫子自道也。"

14.29 子贡方人。子曰："赐也贤乎哉？夫我则不暇。"

zǐ yuē bú huàn rén zhī bù jǐ zhī
14.30 子曰："不患人之不己知，
huàn qí bù néng yě
患其不能也。"

zǐ yuē bú nì zhà bú yì bú xìn
14.31 子曰："不逆诈，不亿不信，
yì yì xiān jué zhě shì xián hū
抑亦先觉者，是贤乎！"

wēi shēng mǔ wèi kǒng zǐ yuē qiū hé
14.32 微生亩谓孔子曰："丘，何
wéi shì xī xī zhě yú wú nǎi wéi nìng
为是栖栖者与？无乃为佞
hū kǒng zǐ yuē fēi gǎn wéi nìng
乎？"孔子曰："非敢为佞
yě jí gù yě
也，疾固也。"

zǐ yuē jì bù chēng qí lì chēng qí
14.33 子曰："骥不称其力，称其
dé yě
德也。"

huò yuē yǐ dé bào yuàn hé rú
14.34 或曰："以德报怨，何如？"
zǐ yuē hé yǐ bào dé yǐ zhí bào
子曰："何以报德？以直报

yuàn yǐ dé bào dé
怨，以德报德。”

zǐ yuē mò wǒ zhī yě fú
14.35 子曰：“莫我知也夫！”

zǐ gòng yuē hé wéi qí mò zhī zǐ
子贡曰：“何为其莫知子

yě zǐ yuē bú yuàn tiān bù
也？”子曰：“不怨天，不

yóu rén xià xué ér shàng dá zhī wǒ
尤人，下学而上达。知我

zhě qí tiān hū
者其天乎！”

gōng bó liáo sù zǐ lù yú jì sūn zǐ
14.36 公伯寮愬子路于季孙。子

fú jǐng bó yǐ gào yuē fū zǐ gù
服景伯以告，曰：“夫子固

yǒu huò zhì yú gōng bó liáo wú lì yóu
有惑志于公伯寮，吾力犹

néng sì zhū shì cháo zǐ yuē dào
能肆诸市朝。”子曰：“道

zhī jiāng xíng yě yú mìng yě dào zhī jiāng
之将行也与，命也；道之将

fèi yě yú mìng yě gōng bó liáo qí
废也与，命也。公伯寮其

rú mìng hé
如命何？”

zǐ yuē xián zhě bì shì qí cì bì
14.37 子曰："贤者辟世，其次辟
dì qí cì bì sè qí cì bì yán
地，其次辟色，其次辟言。"
zǐ yuē zuò zhě qī rén yǐ
子曰："作者七人矣。"

zǐ lù sù yú shí mén chén mén yuē
14.38 子路宿于石门。晨门曰：
xī zì zǐ lù yuē zì kǒng
"奚自？"子路曰："自孔
shì yuē shì zhī qí bù kě ér
氏。"曰："是知其不可而
wéi zhī zhě yú
为之者与？"

zǐ jī qìng yú wèi yǒu hè kuì ér
14.39 子击磬于卫，有荷蒉而
guò kǒng shì zhī mén zhě yuē yǒu
过孔氏之门者，曰："有
xīn zāi jī qìng hū jì ér yuē
心哉，击磬乎！"既而曰：
bǐ zāi kēng kēng hū mò jǐ zhī
"鄙哉，硁硁乎！莫己知
yě sī jǐ ér yǐ yǐ shēn zé
也！斯己而已矣，'深则
lì qiǎn zé qì zǐ yuē guǒ
厉，浅则揭'。"子曰："果

zāi mò zhī nán yǐ
哉！末之难矣。”

14.40 zǐ zhāng yuē shū yún gāo zōng liáng ān sān nián bù yán hé wèi yě
子张曰：“《书》云‘高宗谅阴，三年不言’，何谓也？”

zǐ yuē hé bì gāo zōng gǔ zhī rén jiē rán jūn hōng bǎi guān zǒng jǐ yǐ tīng yú zhǒng zǎi sān nián
子曰：“何必高宗，古之人皆然。君薨，百官总己以听于冢宰三年。”

14.41 zǐ yuē shàng hào lǐ zé mín yì shǐ yě
子曰：“上好礼则民易使也。”

14.42 zǐ lù wèn jūn zǐ zǐ yuē xiū jǐ yǐ jìng yuē rú sī ér yǐ hū yuē xiū jǐ yǐ ān rén
子路问君子，子曰：“修己以敬。”曰：“如斯而已乎？”曰：“修己以安人。”

yuē rú sī ér yǐ hū yuē xiū jǐ yǐ ān bǎi xìng xiū jǐ yǐ
曰：“如斯而已乎？”曰：“修己以安百姓。修己以

ān bǎi xìng yáo shùn qí yóu bìng zhū
安百姓，尧舜其犹病诸？”

yuán rǎng yí sì zǐ yuē yòu ér
14.43 原壤夷俟。子曰：“幼而

bú xùn tì zhǎng ér wú shù yān lǎo ér
不孙弟，长而无述焉，老而

bù sǐ shì wéi zéi yǐ zhàng kòu qí
不死，是为贼。”以杖叩其

jìng
胫。

què dǎng tóng zǐ jiāng mìng huò wèn zhī
14.44 阙党童子将命。或问之

yuē yì zhě yú zǐ yuē wú
曰：“益者与？”子曰：“吾

jiàn qí jū yú wèi yě jiàn qí yǔ xiān
见其居于位也，见其与先

shēng bìng xíng yě fēi qiú yì zhě yě
生并行也。非求益者也，

yù sù chéng zhě yě
欲速成者也。”

wèi líng gōng dì shí wǔ
卫灵公第十五

wèi líng gōng wèn zhèn yú kǒng zǐ kǒng zǐ
15.1 卫灵公问陈于孔子。孔子
duì yuē zǔ dòu zhī shì zé cháng wén
对曰：“俎豆之事，则尝闻
zhī yǐ jūn lǚ zhī shì wèi zhī xué
之矣；军旅之事，未之学
yě míng rì suì xíng
也。”明日遂行。

zài chén jué liáng cóng zhě bìng mò néng
15.2 在陈绝粮，从者病，莫能
xīng zǐ lù yùn xiàn yuē jūn zǐ yì
兴。子路愠见曰：“君子亦
yǒu qióng hū zǐ yuē jūn zǐ gù
有穷乎？”子曰：“君子固
qióng xiǎo rén qióng sī làn yǐ
穷，小人穷，斯滥矣。”

zǐ yuē cì yě rǔ yǐ yú wéi duō
15.3 子曰：“赐也，女以予为多

xué ér zhì zhī zhě yú duì yuē
学而识之者与？”对曰：
rán fēi yú yuē fēi yě
“然。非与？”曰：“非也，
yú yì yǐ guàn zhī
予一以贯之。”

zǐ yuē yóu zhī dé zhě xiǎn yǐ
15.4 子曰：“由！知德者鲜矣！”

zǐ yuē wú wéi ér zhì zhě qí shùn
15.5 子曰：“无为而治者，其舜
yě yú fú hé wéi zāi gōng jǐ zhèng
也与？夫何为哉？恭己正
nán miàn ér yǐ yǐ
南面而已矣。”

zǐ zhāng wèn xíng zǐ yuē yán zhōng
15.6 子张问行，子曰：“言忠
xìn xíng dǔ jìng suī mán mò zhī bāng
信，行笃敬，虽蛮貊之邦，
xíng yǐ yán bù zhōng xìn xíng bù dǔ
行矣。言不忠信，行不笃
jìng suī zhōu lǐ xíng hū zāi lì zé
敬，虽州里，行乎哉？立则
jiàn qí cān yú qián yě zài yú zé jiàn qí
见其参于前也，在舆则见其
yǐ yú héng yě fú rán hòu xíng zǐ
倚于衡也，夫然后行。”子

zhāng shū zhū shēn
张书诸绅。

15.7 zǐ yuē zhí zāi shǐ yú bāng yǒu dào
子曰："直哉史鱼！邦有道
rú shǐ bāng wú dào rú shǐ jūn zǐ zāi
如矢，邦无道如矢。君子哉
qú bó yù bāng yǒu dào zé shì bāng wú
蘧伯玉！邦有道则仕，邦无
dào zé kě juǎn ér huái zhī
道则可卷而怀之。"

15.8 zǐ yuē kě yǔ yán ér bù yǔ zhī
子曰："可与言而不与之
yán shī rén bù kě yǔ yán ér yǔ zhī
言，失人；不可与言而与之
yán shī yán zhì zhě bù shī rén yì
言，失言。知者不失人，亦
bù shī yán
不失言。"

15.9 zǐ yuē zhì shì rén rén wú qiú shēng
子曰："志士仁人，无求生
yǐ hài rén yǒu shā shēn yǐ chéng rén
以害仁，有杀身以成仁。"

15.10 zǐ gòng wèn wéi rén zǐ yuē gōng yù
子贡问为仁，子曰："工欲

shàn qí shì bì xiān lì qí qì jū
善其事，必先利其器。居
shì bāng yě shì qí dà fū zhī xián zhě
是邦也，事其大夫之贤者，
yǒu qí shì zhī rén zhě
友其士之仁者。”

yán yuān wèn wéi bāng zǐ yuē xíng xià
15.11 颜渊问为邦，子曰：“行夏
zhī shí chéng yīn zhī lù fú zhōu zhī
之时，乘殷之辂，服周之
miǎn yuè zé sháo wǔ fàng
冕，乐则《韶》《舞》。放
zhèng shēng yuǎn nìng rén zhèng shēng yín
郑声，远佞人。郑声淫，
nìng rén dài
佞人殆。”

zǐ yuē rén wú yuǎn lǜ bì yǒu jìn
15.12 子曰：“人无远虑，必有近
yōu
忧。”

zǐ yuē yǐ yǐ hū wú wèi jiàn hào
15.13 子曰：“已矣乎！吾未见好
dé rú hào sè zhě yě
德如好色者也。”

zǐ yuē zāng wén zhòng qí qiè wèi zhě
15.14 子曰："臧文仲其窃位者
yú zhī liǔ xià huì zhī xián ér bù
与？知柳下惠之贤，而不
yǔ lì yě
与立也。"

zǐ yuē gōng zì hòu ér bó zé yú
15.15 子曰："躬自厚而薄责于
rén zé yuǎn yuàn yǐ
人，则远怨矣。"

zǐ yuē bù yuē rú zhī hé rú
15.16 子曰："不曰'如之何，如
zhī hé zhě wú mò rú zhī hé yě yǐ
之何'者，吾末如之何也已
yǐ
矣。"

zǐ yuē qún jū zhōng rì yán bù jí
15.17 子曰："群居终日，言不及
yì hào xíng xiǎo huì nán yǐ zāi
义，好行小慧，难矣哉！"

zǐ yuē jūn zǐ yì yǐ wéi zhì lǐ
15.18 子曰："君子义以为质，礼
yǐ xíng zhī xùn yǐ chū zhī xìn yǐ chéng
以行之，孙以出之，信以成

zhī jūn zǐ zāi
之。君子哉！”

zǐ yuē jūn zǐ bìng wú néng yān bú
15.19 子曰：“君子病无能焉，不
bìng rén zhī bù jǐ zhī yě
病人之不己知也。”

zǐ yuē jūn zǐ jí mò shì ér míng bù
15.20 子曰：“君子疾没世而名不
chēng yān
称焉。”

zǐ yuē jūn zǐ qiú zhū jǐ xiǎo rén
15.21 子曰：“君子求诸己，小人
qiú zhū rén
求诸人。”

zǐ yuē jūn zǐ jīn ér bù zhēng qún
15.22 子曰：“君子矜而不争，群
ér bù dǎng
而不党。”

zǐ yuē jūn zǐ bù yǐ yán jǔ rén
15.23 子曰：“君子不以言举人，
bù yǐ rén fèi yán
不以人废言。”

zǐ gòng wèn yuē yǒu yì yán ér kě
15.24 子贡问曰："有一言而可
yǐ zhōng shēn xíng zhī zhě hū zǐ yuē
以终身行之者乎？"子曰：
qí shù hū jǐ suǒ bú yù wù shī
"其恕乎！己所不欲，勿施
yú rén
于人。"

zǐ yuē wú zhī yú rén yě shuí huǐ
15.25 子曰："吾之于人也，谁毁
shuí yù rú yǒu suǒ yù zhě qí yǒu
谁誉？如有所誉者，其有
suǒ shì yǐ sī mín yě sān dài zhī suǒ
所试矣。斯民也，三代之所
yǐ zhí dào ér xíng yě
以直道而行也。"

zǐ yuē wú yóu jí shǐ zhī quē wén
15.26 子曰："吾犹及史之阙文
yě yǒu mǎ zhě jiè rén chéng zhī jīn
也。有马者借人乘之，今
wú yǐ fú
亡矣夫！"

zǐ yuē qiǎo yán luàn dé xiǎo bù rěn
15.27 子曰："巧言乱德。小不忍
zé luàn dà móu
则乱大谋。"

zǐ yuē zhòng wù zhī bì chá yān
15.28 子曰："众恶之，必察焉；
zhòng hào zhī bì chá yān
众好之，必察焉。"

zǐ yuē rén néng hóng dào fēi dào hóng
15.29 子曰："人能弘道，非道弘
rén
人。"

zǐ yuē guò ér bù gǎi shì wèi guò
15.30 子曰："过而不改，是谓过
yǐ
矣。"

zǐ yuē wú cháng zhōng rì bù shí zhōng
15.31 子曰："吾尝终日不食，终
yè bù qǐn yǐ sī wú yì bù rú
夜不寝，以思，无益，不如
xué yě
学也。"

zǐ yuē jūn zǐ móu dào bù móu shí
15.32 子曰："君子谋道不谋食。
gēng yě něi zài qí zhōng yǐ xué yě
耕也，馁在其中矣；学也，
lù zài qí zhōng yǐ jūn zǐ yōu dào bù
禄在其中矣。君子忧道不

yōu pín
忧贫。”

zǐ yuē zhì jí zhī rén bù néng shǒu
15.33 子曰：“知及之，仁不能守
zhī suī dé zhī bì shī zhī zhì jí
之，虽得之，必失之。知及
zhī rén néng shǒu zhī bù zhuāng yǐ lì
之，仁能守之，不庄以莅
zhī zé mín bú jìng zhì jí zhī rén
之，则民不敬。知及之，仁
néng shǒu zhī zhuāng yǐ lì zhī dòng zhī bù
能守之，庄以莅之，动之不
yǐ lǐ wèi shàn yě
以礼，未善也。”

zǐ yuē jūn zǐ bù kě xiǎo zhī ér kě
15.34 子曰：“君子不可小知而可
dà shòu yě xiǎo rén bù kě dà shòu ér kě
大受也，小人不可大受而可
xiǎo zhī yě
小知也。”

zǐ yuē mín zhī yú rén yě shèn yú
15.35 子曰：“民之于仁也，甚于
shuǐ huǒ shuǐ huǒ wú jiàn dǎo ér sǐ zhě
水火。水火，吾见蹈而死者
yǐ wèi jiàn dǎo rén ér sǐ zhě yě
矣，未见蹈仁而死者也。”

zǐ yuē dāng rén bú ràng yú shī
15.36 子曰："当仁不让于师。"

zǐ yuē jūn zǐ zhēn ér bú liàng
15.37 子曰："君子贞而不谅。"

zǐ yuē shì jūn jìng qí shì ér hòu
15.38 子曰："事君，敬其事而后
qí shí
其食。"

zǐ yuē yǒu jiào wú lèi
15.39 子曰："有教无类。"

zǐ yuē dào bù tóng bù xiāng wéi
15.40 子曰："道不同，不相为
móu
谋。"

zǐ yuē cí dá ér yǐ yǐ
15.41 子曰："辞达而已矣。"

shī miǎn xiàn jí jiē zǐ yuē jiē
15.42 师冕见，及阶，子曰："阶
yě jí xí zǐ yuē xí yě
也。"及席，子曰："席也。"
jiē zuò zǐ gào zhī yuē mǒu zài sī
皆坐，子告之曰："某在斯，

mǒu zài sī shī miǎn chū zǐ zhāng wèn
某在斯。”师冕出，子张问

yuē yǔ shī yán zhī dào yú zǐ
曰：“与师言之道与？”子

yuē rán gù xiàng shī zhī dào yě
曰：“然，固相师之道也。”

jì shì dì shí liù
季氏第十六

16.1 jì shì jiāng fá zhuān yú rǎn yǒu jì lù
季氏将伐颛臾。冉有季路
xiàn yú kǒng zǐ yuē jì shì jiāng yǒu shì
见于孔子曰："季氏将有事
yú zhuān yú kǒng zǐ yuē qiú
于颛臾。"孔子曰："求！
wú nǎi ěr shì guò yú fú zhuān yú
无乃尔是过与？夫颛臾，
xī zhě xiān wáng yǐ wéi dōng méng zhǔ qiě
昔者先王以为东蒙主，且
zài bāng yù zhī zhōng yǐ shì shè jì zhī
在邦域之中矣，是社稷之
chén yě hé yǐ fá wéi rǎn yǒu yuē
臣也，何以伐为？"冉有曰：
fū zǐ yù zhī wú èr chén zhě jiē bú
"夫子欲之，吾二臣者皆不
yù yě kǒng zǐ yuē qiú zhōu rèn
欲也。"孔子曰："求！周任
yǒu yán yuē chén lì jiù liè bù néng
有言曰：'陈力就列，不能

zhě zhǐ wēi ér bù chí diān ér bù
者止。’危而不持，颠而不

fú zé jiāng yān yòng bǐ xiàng yǐ qiě ěr
扶，则将焉用彼相矣？且尔

yán guò yǐ hǔ sì chū yú xiá guī yù
言过矣。虎兕出于柙，龟玉

huǐ yú dú zhōng shì shuí zhī guò yú
毁于椟中，是谁之过与？”

rǎn yǒu yuē jīn fú zhuān yú gù ér
冉有曰：“今夫颛臾，固而

jìn yú bì jīn bù qǔ hòu shì bì wèi
近于费。今不取，后世必为

zǐ sūn yōu kǒng zǐ yuē qiú jūn
子孙忧。”孔子曰：“求！君

zǐ jí fú shě yuē yù zhī ér bì wéi zhī
子疾夫舍曰欲之而必为之

cí qiū yě wén yǒu guó yǒu jiā zhě bú
辞。丘也闻有国有家者，不

huàn guǎ ér huàn bù jūn bú huàn pín ér
患寡而患不均，不患贫而

huàn bù ān gài jūn wú pín hé wú
患不安。盖均无贫，和无

guǎ ān wú qīng fú rú shì gù yuǎn
寡，安无倾。夫如是，故远

rén bù fú zé xiū wén dé yǐ lái zhī
人不服，则修文德以来之。

jì lái zhī zé ān zhī jīn yóu yǔ qiú
既来之，则安之。今由与求

yě xiàng fū zǐ yuǎn rén bù fú ér bù
也，相夫子，远人不服而不
néng lái yě bāng fēn bēng lí xī ér bù néng
能来也，邦分崩离析而不能
shǒu yě ér móu dòng gān gē yú bāng nèi
守也，而谋动干戈于邦内。
wú kǒng jì sūn zhī yōu bú zài zhuān yú
吾恐季孙之忧，不在颛臾，
ér zài xiāo qiáng zhī nèi yě
而在萧墙之内也。”

kǒng zǐ yuē tiān xià yǒu dào zé lǐ
16.2 孔子曰：“天下有道，则礼
yuè zhēng fá zì tiān zǐ chū tiān xià wú
乐征伐自天子出；天下无
dào zé lǐ yuè zhēng fá zì zhū hóu chū
道，则礼乐征伐自诸侯出。
zì zhū hóu chū gài shí shì xī bù shī
自诸侯出，盖十世希不失
yǐ zì dà fū chū wǔ shì xī bù shī
矣；自大夫出，五世希不失
yǐ péi chén zhí guó mìng sān shì xī bù
矣；陪臣执国命，三世希不
shī yǐ tiān xià yǒu dào zé zhèng bú zài
失矣。天下有道，则政不在
dà fū tiān xià yǒu dào zé shù rén bú
大夫。天下有道，则庶人不
yì
议。”

kǒng zǐ yuē lù zhī qù gōng shì wǔ shì
16.3 孔子曰："禄之去公室五世
yǐ zhèng dài yú dà fū sì shì yǐ gù
矣，政逮于大夫四世矣，故
fú sān huán zhī zǐ sūn wēi yǐ
夫三桓之子孙微矣。"

kǒng zǐ yuē yì zhě sān yǒu sǔn zhě
16.4 孔子曰："益者三友，损者
sān yǒu yǒu zhí yǒu liàng yǒu duō wén
三友。友直，友谅，友多闻，
yì yǐ yǒu pián pì yǒu shàn róu yǒu
益矣。友便辟，友善柔，友
pián nìng sǔn yǐ
便佞，损矣。"

kǒng zǐ yuē yì zhě sān yào sǔn zhě
16.5 孔子曰："益者三乐，损者
sān yào yào jié lǐ yuè yào dào rén
三乐。乐节礼乐，乐道人
zhī shàn yào duō xián yǒu yì yǐ yào
之善，乐多贤友，益矣。乐
jiāo lè yào yì yóu yào yàn lè sǔn
骄乐，乐佚游，乐宴乐，损
yǐ
矣。"

kǒng zǐ yuē shì yú jūn zǐ yǒu sān
16.6 孔子曰：“侍于君子有三
qiān yán wèi jí zhī ér yán wèi zhī
愆：言未及之而言，谓之
zào yán jí zhī ér bù yán wèi zhī yǐn
躁；言及之而不言，谓之隐；
wèi jiàn yán sè ér yán wèi zhī gǔ
未见颜色而言，谓之瞽。”

kǒng zǐ yuē jūn zǐ yǒu sān jiè shào
16.7 孔子曰：“君子有三戒：少
zhī shí xuè qì wèi dìng jiè zhī zài sè
之时，血气未定，戒之在色；
jí qí zhuàng yě xuè qì fāng gāng jiè
及其壮也，血气方刚，戒
zhī zài dòu jí qí lǎo yě xuè qì jì
之在斗；及其老也，血气既
shuāi jiè zhī zài dé
衰，戒之在得。”

kǒng zǐ yuē jūn zǐ yǒu sān wèi wèi
16.8 孔子曰：“君子有三畏：畏
tiān mìng wèi dà rén wèi shèng rén zhī
天命，畏大人，畏圣人之
yán xiǎo rén bù zhī tiān mìng ér bú wèi
言。小人不知天命而不畏
yě xiá dà rén wǔ shèng rén zhī yán
也，狎大人，侮圣人之言。”

kǒng zǐ yuē shēng ér zhī zhī zhě shàng
16.9 孔子曰："生而知之者，上

yě xué ér zhī zhī zhě cì yě kùn
也；学而知之者，次也；困

ér xué zhī yòu qí cì yě kùn ér bù
而学之，又其次也；困而不

xué mín sī wéi xià yǐ
学，民斯为下矣。"

kǒng zǐ yuē jūn zǐ yǒu jiǔ sī shì
16.10 孔子曰："君子有九思：视

sī míng tīng sī cōng sè sī wēn mào
思明，听思聪，色思温，貌

sī gōng yán sī zhōng shì sī jìng yí
思恭，言思忠，事思敬，疑

sī wèn fèn sī nàn jiàn de sī yì
思问，忿思难，见得思义。"

kǒng zǐ yuē jiàn shàn rú bù jí jiàn
16.11 孔子曰："见善如不及，见

bú shàn rú tàn tāng wú jiàn qí rén yǐ
不善如探汤。吾见其人矣，

wú wén qí yǔ yǐ yǐn jū yǐ qiú qí
吾闻其语矣。隐居以求其

zhì xíng yì yǐ dá qí dào wú wén
志，行义以达其道。吾闻

qí yǔ yǐ wèi jiàn qí rén yě
其语矣，未见其人也。"

qí jǐng gōng yǒu mǎ qiān sì sǐ zhī rì
16.12 齐景公有马千驷，死之日，
mín wú dé ér chēng yān bó yí shū
民无德而称焉。伯夷叔
qí è yú shǒu yáng zhī xià mín dào yú
齐饿于首阳之下，民到于
jīn chēng zhī chéng bù yǐ fù yì zhǐ
今称之。（诚不以富，亦只
yǐ yì qí sī zhī wèi yú
以异。）其斯之谓与？

chén kàng wèn yú bó yú yuē zǐ yì yǒu
16.13 陈亢问于伯鱼曰：“子亦有
yì wén hū duì yuē wèi yě
异闻乎？”对曰：“未也。
cháng dú lì lǐ qū ér guò tíng yuē
尝独立，鲤趋而过庭。曰：
xué shī hū duì yuē wèi
‘学《诗》乎？’对曰：‘未
yě bù xué shī wú yǐ
也。’‘不学《诗》，无以
yán lǐ tuì ér xué shī tā
言。’鲤退而学《诗》。他
rì yòu dú lì lǐ qū ér guò tíng
日，又独立，鲤趋而过庭。
yuē xué lǐ hū duì yuē wèi
曰：‘学礼乎？’对曰：‘未

yě bù xué lǐ wú yǐ lì
也。’‘不学礼，无以立。’

lǐ tuì ér xué lǐ wén sī èr zhě
鲤退而学礼。闻斯二者。”

chén kàng tuì ér xǐ yuē wèn yī dé
陈亢退而喜曰：“问一得

sān wén shī wén lǐ yòu wén jūn
三：闻《诗》，闻礼，又闻君

zǐ zhī yuǎn qí zǐ yě
子之远其子也。”

bāng jūn zhī qī jūn chēng zhī yuē fū
16.14 邦君之妻，君称之曰夫

rén fū rén zì chēng yuē xiǎo tóng bāng
人，夫人自称曰小童；邦

rén chēng zhī yuē jūn fū rén chēng zhū yì
人称之曰君夫人，称诸异

bāng yuē guǎ xiǎo jūn yì bāng rén chēng zhī
邦曰寡小君；异邦人称之

yì yuē jūn fū rén
亦曰君夫人。

yáng huò dì shí qī
阳货第十七

yáng huò yù xiàn kǒng zǐ kǒng zǐ bú jiàn
17.1 阳货欲见孔子，孔子不见，
kuì kǒng zǐ tún kǒng zǐ sì qí wáng yě
归孔子豚。孔子时其亡也，
ér wǎng bài zhī yù zhū tú wèi kǒng
而往拜之。遇诸涂。谓孔
zǐ yuē lái yú yǔ ěr yán
子曰：“来！予与尔言。”
yuē huái qí bǎo ér mí qí bāng kě wèi
曰：“怀其宝而迷其邦，可谓
rén hū yuē bù kě hào
仁乎？”曰：“不可。”“好
cóng shì ér qì shī shí kě wèi zhì
从事而亟失时，可谓知
hū yuē bù kě rì yuè
乎？”曰：“不可。”“日月
shì yǐ suì bù wǒ yǔ kǒng zǐ yuē
逝矣，岁不我与。”孔子曰：
nuò wú jiāng shì yǐ
“诺，吾将仕矣。”

zǐ yuē xìng xiāng jìn yě xí xiāng yuǎn
17.2 子曰：“性相近也，习相远
yě
也。”

zǐ yuē wéi shàng zhì yú xià yú bù
17.3 子曰：“唯上知与下愚不
yí
移。”

zǐ zhī wǔ chéng wén xián gē zhī shēng fū
17.4 子之武城，闻弦歌之声。夫
zǐ wǎn ěr ér xiào yuē gē jī yān yòng
子莞尔而笑曰：“割鸡焉用
niú dāo zǐ yóu duì yuē xī zhě
牛刀？”子游对曰：“昔者
yǎn yě wén zhū fū zǐ yuē jūn zǐ xué
偃也闻诸夫子曰：‘君子学
dào zé ài rén xiǎo rén xué dào zé yì shǐ
道则爱人，小人学道则易使
yě zǐ yuē èr sān zǐ yǎn
也。’”子曰：“二三子！偃
zhī yán shì yě qián yán xì zhī ěr
之言是也。前言戏之耳。”

gōng shān fú rǎo yǐ bì pàn zhào zǐ
17.5 公山弗扰以费畔，召，子

yù wǎng zǐ lù bú yuè yuē mò
欲往。子路不说，曰：“末
zhī yě yǐ hé bì gōng shān shì zhī zhī
之也已，何必公山氏之之
yě zǐ yuē fú zhào wǒ zhě ér
也？”子曰：“夫召我者，而
qǐ tú zāi rú yǒu yòng wǒ zhě wú qí
岂徒哉？如有用我者，吾其
wéi dōng zhōu hū
为东周乎？”

zǐ zhāng wèn rén yú kǒng zǐ kǒng zǐ
17.6 子张问仁于孔子，孔子
yuē néng xíng wǔ zhě yú tiān xià wéi
曰：“能行五者于天下，为
rén yǐ qǐng wèn zhī yuē gōng
仁矣。”请问之。曰：“恭，
kuān xìn mǐn huì gōng zé bù wǔ
宽，信，敏，惠。恭则不侮，
kuān zé dé zhòng xìn zé rén rèn yān mǐn
宽则得众，信则人任焉，敏
zé yǒu gōng huì zé zú yǐ shǐ rén
则有功，惠则足以使人。”

bì xī zhào zǐ yù wǎng zǐ lù yuē
17.7 佛肸召，子欲往。子路曰：
xī zhě yóu yě wén zhū fū zǐ yuē
“昔者由也闻诸夫子曰：

qīn yú qí shēn wéi bú shàn zhě jūn zǐ
‘亲于其身为不善者，君子
bú rù yě bì xī yǐ zhōng mù pàn
不入也。’佛肸以中牟畔，
zǐ zhī wǎng yě rú zhī hé zǐ
子之往也，如之何？”子
yuē rán yǒu shì yán yě bù yuē
曰：“然。有是言也。不曰
jiān hū mó ér bú lìn bù yuē bái
坚乎，磨而不磷？不曰白
hū niè ér bù zī wú qǐ páo guā yě
乎，涅而不缁？吾岂匏瓜也
zāi yān néng xì ér bù shí
哉？焉能系而不食？”

zǐ yuē yóu yě rǔ wén liù yán
17.8 子曰：“由也！女闻六言
liù bì yǐ hū duì yuē wèi
六蔽矣乎？”对曰：“未
yě jū wú yù rǔ hào rén
也。”“居！吾语女。好仁
bú hào xué qí bì yě yú hào zhì bú
不好学，其蔽也愚；好知不
hào xué qí bì yě dàng hào xìn bú
好学，其蔽也荡；好信不
hào xué qí bì yě zéi hào zhí bú hào
好学，其蔽也贼；好直不好

xué qí bì yě jiǎo hào yǒng bú hào
学，其蔽也绞；好勇不好
xué qí bì yě luàn hào gāng bú hào
学，其蔽也乱；好刚不好
xué qí bì yě kuáng
学，其蔽也狂。”

zǐ yuē xiǎo zǐ hé mò xué fú
17.9 子曰：“小子何莫学夫
shī shī kě yǐ xīng kě yǐ
《诗》？《诗》可以兴，可以
guān kě yǐ qún kě yǐ yuàn ěr zhī
观，可以群，可以怨；迩之
shì fù yuǎn zhī shì jūn duō shí yú niǎo
事父，远之事君；多识于鸟
shòu cǎo mù zhī míng
兽草木之名。”

zǐ wèi bó yú yuē rǔ wéi zhōu
17.10 子谓伯鱼曰：“女为《周
nán shào nán yǐ hū rén ér bù
南》《召南》矣乎？人而不
wéi zhōu nán shào nán qí yóu
为《周南》《召南》，其犹
zhèng qiáng miàn ér lì yě yú
正墙面而立也与！”

zǐ yuē lǐ yún lǐ yún yù bó yún
17.11 子曰：“礼云礼云，玉帛云
hū zāi yuè yún yuè yún zhōng gǔ yún
乎哉？乐云乐云，钟鼓云
hū zāi
乎哉？”

zǐ yuē sè lì ér nèi rěn pì
17.12 子曰：“色厉而内荏，譬
zhū xiǎo rén qí yóu chuān yú zhī dào yě
诸小人，其犹穿窬之盗也
yú
与！”

zǐ yuē xiāng yuàn dé zhī zéi yě
17.13 子曰：“乡愿，德之贼也。”

zǐ yuē dào tīng ér tú shuō dé zhī
17.14 子曰：“道听而涂说，德之
qì yě
弃也。”

zǐ yuē bǐ fū kě yǔ shì jūn yě yú
17.15 子曰：“鄙夫可与事君也与
zāi qí wèi dé zhī yě huàn dé zhī
哉？其未得之也，患得之；
jì dé zhī huàn shī zhī gǒu huàn shī
既得之，患失之。苟患失

zhī wú suǒ bú zhì yǐ
之，无所不至矣。"

zǐ yuē gǔ zhě mín yǒu sān jí jīn
17.16 子曰："古者民有三疾，今
yě huò shì zhī wú yě gǔ zhī kuáng yě
也或是之亡也。古之狂也
sì jīn zhī kuáng yě dàng gǔ zhī jīn
肆，今之狂也荡；古之矜
yě lián jīn zhī jīn yě fèn lì gǔ zhī
也廉，今之矜也忿戾；古之
yú yě zhí jīn zhī yú yě zhà ér yǐ
愚也直，今之愚也诈而已
yǐ
矣。"

zǐ yuē qiǎo yán lìng sè xiǎn yǐ
17.17 子曰："巧言令色，鲜矣
rén
仁。"

zǐ yuē wù zǐ zhī duó zhū yě wù
17.18 子曰："恶紫之夺朱也，恶
zhèng shēng zhī luàn yǎ yuè yě wù lì kǒu
郑声之乱雅乐也，恶利口
zhī fù bāng jiā zhě
之覆邦家者。"

zǐ yuē yú yù wú yán zǐ gòng
17.19 子曰："予欲无言。"子贡
yuē zǐ rú bù yán zé xiǎo zǐ hé
曰："子如不言，则小子何
shù yān zǐ yuē tiān hé yán
述焉？"子曰："天何言
zāi sì shí xíng yān bǎi wù shēng yān
哉？四时行焉，百物生焉。
tiān hé yán zāi
天何言哉？"

rú bēi yù jiàn kǒng zǐ kǒng zǐ cí yǐ
17.20 孺悲欲见孔子，孔子辞以
jí jiāng mìng zhě chū hù qǔ sè ér
疾。将命者出户，取瑟而
gē shǐ zhī wén zhī
歌，使之闻之。

zǎi wǒ wèn sān nián zhī sāng qī yǐ
17.21 宰我问："三年之丧，期已
jiǔ yǐ jūn zǐ sān nián bù wéi lǐ
久矣。君子三年不为礼，
lǐ bì huài sān nián bù wéi yuè yuè bì
礼必坏；三年不为乐，乐必
bēng jiù gǔ jì mò xīn gǔ jì shēng
崩。旧谷既没，新谷既升，
zuān suì gǎi huǒ jī kě yǐ yǐ zǐ
钻燧改火，期可已矣。"子
yuē shí fú dào yì fú jǐn yú
曰："食夫稻，衣夫锦，于

rǔ ān hū yuē ān rǔ
女安乎？”曰：“安。”“女
ān zé wéi zhī fú jūn zǐ zhī jū
安，则为之！夫君子之居
sāng shí zhǐ bù gān wén yuè bú lè
丧，食旨不甘，闻乐不乐，
jū chǔ bù ān gù bù wéi yě jīn rǔ
居处不安，故不为也。今女
ān zé wéi zhī zǎi wǒ chū zǐ
安，则为之！”宰我出。子
yuē yú zhī bù rén yě zǐ shēng sān
曰：“予之不仁也！子生三
nián rán hòu miǎn yú fù mǔ zhī huái fú
年，然后免于父母之怀。夫
sān nián zhī sāng tiān xià zhī tōng sāng yě
三年之丧，天下之通丧也。
yú yě yǒu sān nián zhī ài yú qí fù mǔ
予也有三年之爱于其父母
hū
乎？”

zǐ yuē bǎo shí zhōng rì wú suǒ yòng
17.22 子曰：“饱食终日，无所用
xīn nán yǐ zāi bù yǒu bó yì zhě
心，难矣哉！不有博弈者
hū wéi zhī yóu xián hū yǐ
乎？为之，犹贤乎已。”

zǐ lù yuē jūn zǐ shàng yǒng hū

17.23 子路曰："君子尚勇乎？"

zǐ yuē jūn zǐ yì yǐ wéi shàng jūn

子曰："君子义以为上。君

zǐ yǒu yǒng ér wú yì wéi luàn xiǎo rén

子有勇而无义为乱，小人

yǒu yǒng ér wú yì wéi dào

有勇而无义为盗。"

zǐ gòng yuē jūn zǐ yì yǒu wù

17.24 子贡曰："君子亦有恶

hū zǐ yuē yǒu wù wù chēng

乎？"子曰："有恶：恶称

rén zhī è zhě wù jū xià liú ér shàn

人之恶者，恶居下流而讪

shàng zhě wù yǒng ér wú lǐ zhě wù

上者，恶勇而无礼者，恶

guǒ gǎn ér zhì zhě yuē cì yě

果敢而窒者。"曰："赐也

yì yǒu wù hū wù jiǎo yǐ wéi zhì

亦有恶乎？""恶徼以为知

zhě wù bú xùn yǐ wéi yǒng zhě wù jié

者，恶不孙以为勇者，恶讦

yǐ wéi zhí zhě

以为直者。"

zǐ yuē wéi nǚ zǐ yǔ xiǎo rén wéi nán

17.25 子曰："唯女子与小人为难

yǎng yě jìn zhī zé bú xùn yuǎn zhī zé
养也，近之则不孙，远之则
yuàn
怨。”

zǐ yuē nián sì shí ér jiàn wù yān
17.26 子曰：“年四十而见恶焉，
qí zhōng yě yǐ
其终也已。”

wēi zǐ dì shí bā

微子第十八

wēi zǐ qù zhī, jī zǐ wéi zhī nú,

18.1 微子去之，箕子为之奴，

bǐ gān jiàn ér sǐ。kǒng zǐ yuē：“yīn

比干谏而死。孔子曰：“殷

yǒu sān rén yān！”

有三仁焉！”

liǔ xià huì wéi shì shī, sān chù。rén

18.2 柳下惠为士师，三黜。人

yuē：“zǐ wèi kě yǐ qù hū？”yuē：

曰：“子未可以去乎？”曰：

“zhí dào ér shì rén, yān wǎng ér bù sān

“直道而事人，焉往而不三

chù？wǎng dào ér shì rén, hé bì qù fù

黜？枉道而事人，何必去父

mǔ zhī bāng？”

母之邦？”

qí jǐng gōng dài kǒng zǐ yuē：“ruò jì

18.3 齐景公待孔子曰：“若季

shì zé wú bù néng yǐ jì mèng zhī jiān
氏，则吾不能；以季孟之间
dài zhī yuē wú lǎo yǐ bù néng
待之。”曰：“吾老矣，不能
yòng yě kǒng zǐ xíng
用也。”孔子行。

qí rén kuì nǚ yuè jì huán zǐ shòu zhī
18.4 齐人归女乐，季桓子受之，
sān rì bù cháo kǒng zǐ xíng
三日不朝，孔子行。

chǔ kuáng jiē yú gē ér guò kǒng zǐ yuē
18.5 楚狂接舆歌而过孔子曰：
fèng xī fèng xī hé dé zhī shuāi
“凤兮！凤兮！何德之衰？
wǎng zhě bù kě jiàn lái zhě yóu kě zhuī
往者不可谏，来者犹可追。
yǐ ér yǐ ér jīn zhī cóng zhèng
已而！已而！今之从政
zhě dài ér kǒng zǐ xià yù yǔ zhī
者殆而！”孔子下，欲与之
yán qū ér bì zhī bù dé yǔ zhī
言。趋而辟之，不得与之
yán
言。

chánɡ jù jié nì ǒu ér ɡēnɡ kǒnɡ zǐ ɡuò
18.6 长沮桀溺耦而耕，孔子过
zhī shǐ zǐ lù wèn jīn yān chánɡ jù
之，使子路问津焉。长沮
yuē fú zhí yú zhě wéi shuí zǐ
曰："夫执舆者为谁？"子
lù yuē wéi kǒnɡ qiū yuē shì
路曰："为孔丘。"曰："是
lǔ kǒnɡ qiū yú yuē shì yě
鲁孔丘与？"曰："是也。"
yuē shì zhī jīn yǐ wèn yú jié
曰："是知津矣。"问于桀
nì jié nì yuē zǐ wéi shuí
溺。桀溺曰："子为谁？"
yuē wéi zhònɡ yóu yuē shì
曰："为仲由"。曰："是
lǔ kǒnɡ qiū zhī tú yú duì yuē
鲁孔丘之徒与？"对曰：
rán yuē tāo tāo zhě tiān xià jiē
"然。"曰："滔滔者天下皆
shì yě ér shuí yǐ yì zhī qiě ěr yǔ
是也，而谁以易之？且而与
qí cónɡ bì rén zhī shì yě qǐ ruò cónɡ
其从辟人之士也，岂若从
bì shì zhī shì zāi yōu ér bú chuò
辟世之士哉？"耰而不辍。
zǐ lù xínɡ yǐ ɡào fū zǐ wǔ rán yuē
子路行以告。夫子怃然曰：

niǎo shòu bù kě yǔ tóng qún wú fēi sī
“鸟兽不可与同群，吾非斯
rén zhī tú yǔ ér shuí yǔ tiān xià yǒu
人之徒与而谁与？天下有
dào qiū bù yǔ yì yě
道，丘不与易也。”

zǐ lù cóng ér hòu yù zhàng rén yǐ zhàng
18.7 子路从而后，遇丈人，以杖
hè diào zǐ lù wèn yuē zǐ jiàn fū
荷蓧。子路问曰：“子见夫
zǐ hū zhàng rén yuē sì tǐ bù
子乎？”丈人曰：“四体不
qín wǔ gǔ bù fēn shú wéi fū zǐ
勤，五谷不分，孰为夫子？”
zhí qí zhàng ér yún zǐ lù gǒng ér
植其杖而芸。子路拱而
lì zhǐ zǐ lù sù shā jī wéi shǔ ér
立。止子路宿，杀鸡为黍而
sì zhī xiàn qí èr zǐ yān míng rì
食之，见其二子焉。明日，
zǐ lù xíng yǐ gào zǐ yuē yǐn zhě
子路行以告。子曰：“隐者
yě shǐ zǐ lù fǎn jiàn zhī zhì
也。”使子路反见之。至，
zé xíng yǐ zǐ lù yuē bú shì wú
则行矣。子路曰：“不仕无
yì zhǎng yòu zhī jié bù kě fèi yě jūn
义。长幼之节不可废也，君

chén zhī yì rú zhī hé qí fèi zhī yù
臣之义如之何其废之？欲
jié qí shēn ér luàn dà lún jūn zǐ zhī
洁其身而乱大伦。君子之
shì yě xíng qí yì yě dào zhī bù xíng
仕也，行其义也，道之不行，
yǐ zhī zhī yǐ
已知之矣。”

18.8 yì mín bó yí shū qí yú zhòng yí
逸民：伯夷叔齐虞仲夷
yì zhū zhāng liǔ xià huì shào lián zǐ
逸朱张柳下惠少连。子
yuē bú jiàng qí zhì bù rǔ qí
曰：“不降其志，不辱其
shēn bó yí shū qí yú wèi liǔ
身，伯夷叔齐与！”谓柳
xià huì shào lián jiàng zhì rǔ shēn yǐ
下惠少连：“降志辱身矣，
yán zhòng lún xíng zhòng lǜ qí sī ér
言中伦，行中虑，其斯而
yǐ yǐ wèi yú zhòng yí yì yǐn
已矣。”谓虞仲夷逸：“隐
jū fàng yán shēn zhòng qīng fèi zhòng
居放言，身中清，废中
quán wǒ zé yì yú shì wú kě wú
权。”“我则异于是，无可无

bù kě
不可。”

tài shī zhì shì qí yà fàn gān shì chǔ
18.9 太师挚适齐，亚饭干适楚，
sān fàn liáo shì cài sì fàn quē shì qín
三饭缭适蔡，四饭缺适秦；
gǔ fāng shū rù yú hé bō táo wǔ rù yú
鼓方叔入于河，播鼗武入于
hàn shào shī yáng jī qìng xiāng rù yú
汉；少师阳、击磬襄入于
hǎi
海。

zhōu gōng wèi lǔ gōng yuē jūn zǐ bù
18.10 周公谓鲁公曰：“君子不
chí qí qīn bù shǐ dà chén yuàn hū bù
施其亲，不使大臣怨乎不
yǐ gù jiù wú dà gù zé bú qì
以。故旧无大故，则不弃
yě wú qiú bèi yú yì rén
也。无求备于一人。”

zhōu yǒu bā shì bó dá bó kuò
18.11 周有八士：伯达伯适
zhòng tū zhòng hū shū yè shū xià
仲突仲忽叔夜叔夏
jì suí jì guā
季随季騧。

zǐ zhāng dì shí jiǔ
子张第十九

zǐ zhāng yuē shì jiàn wēi zhì mìng jiàn
19.1 子张曰："士见危致命，见
dé sī yì jì sī jìng sāng sī āi
得思义，祭思敬，丧思哀，
qí kě yǐ yǐ
其可已矣。"

zǐ zhāng yuē zhí dé bù hóng xìn dào
19.2 子张曰："执德不弘，信道
bù dǔ yān néng wéi yǒu yān néng wéi
不笃，焉能为有？焉能为
wú
亡？"

zǐ xià zhī mén rén wèn jiāo yú zǐ zhāng
19.3 子夏之门人问交于子张。
zǐ zhāng yuē zǐ xià yún hé duì
子张曰："子夏云何？"对
yuē zǐ xià yuē kě zhě yǔ zhī
曰："子夏曰：'可者与之，

qí bù kě zhě jù zhī zǐ zhāng yuē
其不可者拒之。’”子张曰：
yì hū wú suǒ wén jūn zǐ zūn xián ér
“异乎吾所闻：君子尊贤而
róng zhòng jiā shàn ér jīn bù néng wǒ zhī
容众，嘉善而矜不能。我之
dà xián yú yú rén hé suǒ bù róng wǒ
大贤与，于人何所不容？我
zhī bù xián yú rén jiāng jù wǒ rú zhī
之不贤与，人将拒我，如之
hé qí jù rén yě
何其拒人也？”

zǐ xià yuē suī xiǎo dào bì yǒu kě
19.4 子夏曰：“虽小道，必有可
guān zhě yān zhì yuǎn kǒng nì shì yǐ jūn
观者焉。致远恐泥，是以君
zǐ bú wéi yě
子不为也。”

zǐ xià yuē rì zhī qí suǒ wú yuè
19.5 子夏曰：“日知其所亡，月
wú wàng qí suǒ néng kě wèi hào xué yě yǐ
无忘其所能，可谓好学也已
yǐ
矣。”

zǐ xià yuē bó xué ér dǔ zhì qiè
19.6 子夏曰:“博学而笃志,切
wèn ér jìn sī rén zài qí zhōng yǐ
问而近思,仁在其中矣。”

zǐ xià yuē bǎi gōng jū sì yǐ chéng qí
19.7 子夏曰:“百工居肆以成其
shì jūn zǐ xué yǐ zhì qí dào
事,君子学以致其道。”

zǐ xià yuē xiǎo rén zhī guò yě bì
19.8 子夏曰:“小人之过也必
wén
文。”

zǐ xià yuē jūn zǐ yǒu sān biàn wàng
19.9 子夏曰:“君子有三变:望
zhī yǎn rán jí zhī yě wēn tīng qí yán
之俨然,即之也温,听其言
yě lì
也厉。”

zǐ xià yuē jūn zǐ xìn ér hòu láo
19.10 子夏曰:“君子信而后劳
qí mín wèi xìn zé yǐ wéi lì jǐ yě
其民,未信则以为厉己也。
xìn ér hòu jiàn wèi xìn zé yǐ wéi bàng
信而后谏,未信则以为谤

jǐ yě
己也。”

zǐ xià yuē dà dé bù yú xián xiǎo
19.11 子夏曰：“大德不逾闲，小
dé chū rù kě yě
德出入可也。”

zǐ yóu yuē zǐ xià zhī mén rén xiǎo
19.12 子游曰：“子夏之门人小
zǐ dāng sǎ sǎo yìng duì jìn tuì zé
子，当洒扫应对进退，则
kě yǐ yì mò yě běn zhī zé
可矣，抑末也。本之则
wú rú zhī hé zǐ xià wén zhī
无，如之何？”子夏闻之，
yuē yī yán yóu guò yǐ jūn zǐ
曰：“噫！言游过矣！君子
zhī dào shú xiān chuán yān shú hòu juàn
之道，孰先传焉？孰后倦
yān pì zhū cǎo mù qū yǐ bié yǐ
焉？譬诸草木，区以别矣。
jūn zǐ zhī dào yān kě wū yě yǒu
君子之道，焉可诬也？有
shǐ yǒu zú zhě qí wéi shèng rén hū
始有卒者，其惟圣人乎！”

zǐ xià yuē shì ér yōu zé xué xué
19.13 子夏曰：“仕而优则学，学
ér yōu zé shì
而优则仕。”

zǐ yóu yuē sāng zhì hū āi ér zhǐ
19.14 子游曰：“丧致乎哀而止。”

zǐ yóu yuē wú yǒu zhāng yě wéi nán
19.15 子游曰：“吾友张也，为难
néng yě rán ér wèi rén
能也，然而未仁。”

zēng zǐ yuē táng táng hū zhāng yě nán
19.16 曾子曰：“堂堂乎张也，难
yǔ bìng wéi rén yǐ
与并为仁矣。”

zēng zǐ yuē wú wén zhū fū zǐ rén
19.17 曾子曰：“吾闻诸夫子：人
wèi yǒu zì zhì zhě yě bì yě qīn sàng
未有自致者也，必也亲丧
hū
乎！”

zēng zǐ yuē wú wén zhū fū zǐ mèng
19.18 曾子曰：“吾闻诸夫子：孟

zhuāng zǐ zhī xiào yě, qí tā kě néng
庄子之孝也，其他可能

yě, qí bù gǎi fù zhī chén yǔ fù zhī
也，其不改父之臣与父之

zhèng, shì nán néng yě
政，是难能也。”

mèng shì shǐ yáng fū wéi shì shī, wèn yú
19.19 孟氏使阳肤为士师，问于

zēng zǐ. zēng zǐ yuē: shàng shī qí
曾子。曾子曰：“上失其

dào, mín sàn jiǔ yǐ. rú dé qí qíng,
道，民散久矣。如得其情，

zé āi jīn ér wù xǐ
则哀矜而勿喜！”

zǐ gòng yuē: zhòu zhī bú shàn, bù rú
19.20 子贡曰：“纣之不善，不如

shì zhī shèn yě. shì yǐ jūn zǐ wù jū
是之甚也。是以君子恶居

xià liú, tiān xià zhī è jiē guī yān
下流，天下之恶皆归焉。”

zǐ gòng yuē: jūn zǐ zhī guò yě, rú
19.21 子贡曰：“君子之过也，如

rì yuè zhī shí yān: guò yě, rén jiē jiàn
日月之食焉：过也，人皆见

zhī gēng yě rén jiē yǎng zhī
之；更也，人皆仰之。”

wèi gōng sūn cháo wèn yú zǐ gòng yuē
19.22 卫公孙朝问于子贡曰：
zhòng ní yān xué zǐ gòng yuē
“仲尼焉学？”子贡曰：
wén wǔ zhī dào wèi zhuì yú dì zài
“文武之道，未坠于地，在
rén xián zhě shí qí dà zhě bù xián
人。贤者识其大者，不贤
zhě shí qí xiǎo zhě mò bù yǒu wén wǔ
者识其小者，莫不有文武
zhī dào yān fū zǐ yān bù xué ér
之道焉。夫子焉不学？而
yì hé cháng shī zhī yǒu
亦何常师之有？”

shū sūn wǔ shū yù dà fū yú cháo yuē
19.23 叔孙武叔语大夫于朝曰：
zǐ gòng xián yú zhòng ní zǐ fú jǐng
“子贡贤于仲尼。”子服景
bó yǐ gào zǐ gòng zǐ gòng yuē pì
伯以告子贡。子贡曰：“譬
zhī gōng qiáng cì zhī qiáng yě jí jiān kuī
之宫墙，赐之墙也及肩，窥
jiàn shì jiā zhī hǎo fū zǐ zhī qiáng shù
见室家之好。夫子之墙数

rèn bù dé qí mén ér rù bú jiàn zōng
仞，不得其门而入，不见宗
miào zhī měi bǎi guān zhī fù dé qí
庙之美，百官之富。得其
mén zhě huò guǎ yǐ fū zǐ zhī yún
门者或寡矣。夫子之云，
bú yì yí hū
不亦宜乎！”

shū sūn wǔ shū huǐ zhòng ní zǐ gòng
19.24 叔孙武叔毁仲尼。子贡
yuē wú yǐ wéi yě zhòng ní bù
曰：“无以为也！仲尼不
kě huǐ yě tā rén zhī xián zhě qiū
可毁也。他人之贤者，丘
líng yě yóu kě yú yě zhòng ní
陵也，犹可逾也；仲尼，
rì yuè yě wú dé ér yú yān rén
日月也，无得而逾焉。人
suī yù zì jué qí hé shāng yú rì yuè
虽欲自绝，其何伤于日月
hū duō jiàn qí bù zhī liàng yě
乎？多见其不知量也。”

chén zǐ qín wèi zǐ gòng yuē zǐ wéi
19.25 陈子禽谓子贡曰：“子为
gōng yě zhòng ní qǐ xián yú zǐ hū
恭也，仲尼岂贤于子乎？”

zǐ gòng yuē jūn zǐ yì yán yǐ wéi
子贡曰："君子一言以为

zhì yì yán yǐ wéi bú zhì yán bù
知，一言以为不知，言不

kě bú shèn yě fū zǐ zhī bù kě jí
可不慎也。夫子之不可及

yě yóu tiān zhī bù kě jiē ér shēng yě
也，犹天之不可阶而升也。

fū zǐ zhī dé bāng jiā zhě suǒ wèi lì
夫子之得邦家者，所谓立

zhī sī lì dǎo zhī sī xíng suí zhī sī
之斯立，道之斯行，绥之斯

lái dòng zhī sī hé qí shēng yě róng
来，动之斯和。其生也荣，

qí sǐ yě āi rú zhī hé qí kě jí
其死也哀。如之何其可及

yě
也？"

yáo yuē dì èr shí
尧曰第二十

yáo yuē zī ěr shùn tiān zhī lì
20.1 尧曰：“咨！尔舜！天之历
shù zài ěr gōng yǔn zhí qí zhōng sì hǎi
数在尔躬，允执其中。四海
kùn qióng tiān lù yǒng zhōng shùn yì yǐ
困穷，天禄永终。”舜亦以
mìng yǔ yuē yú xiǎo zǐ lǚ gǎn
命禹。曰：“予小子履，敢
yòng xuán mǔ gǎn zhāo gào yú huáng huáng hòu
用玄牡，敢昭告于皇皇后
dì yǒu zuì bù gǎn shè dì chén bú
帝：有罪不敢赦。帝臣不
bì jiǎn zài dì xīn zhèn gōng yǒu zuì
蔽，简在帝心。朕躬有罪，
wú yǐ wàn fāng wàn fāng yǒu zuì zuì
无以万方；万方有罪，罪
zài zhèn gōng zhōu yǒu dà lài shàn rén
在朕躬。”周有大赉，善人
shì fù suī yǒu zhōu qīn bù rú rén
是富。“虽有周亲，不如仁

rén bǎi xìng yǒu guò zài yú yì rén
人。百姓有过，在予一人。”

jǐn quán liàng shěn fǎ dù xiū fèi guān sì
谨权量，审法度，修废官，四

fāng zhī zhèng xíng yān xīng miè guó jì jué
方之政行焉。兴灭国，继绝

shì jǔ yì mín tiān xià zhī mín guī xīn
世，举逸民，天下之民归心

yān suǒ zhòng mín shí sāng jì
焉。所重：民，食，丧，祭。

kuān zé dé zhòng xìn zé mín rèn yān mǐn
宽则得众，信则民任焉，敏

zé yǒu gōng gōng zé yuè
则有功，公则说。

zǐ zhāng wèn yú kǒng zǐ yuē hé rú sī
20.2 子张问于孔子曰：“何如斯

kě yǐ cóng zhèng yǐ zǐ yuē zūn
可以从政矣？”子曰：“尊

wǔ měi bǐng sì è sī kě yǐ cóng
五美，屏四恶，斯可以从

zhèng yǐ zǐ zhāng yuē hé wèi wǔ
政矣。”子张曰：“何谓五

měi zǐ yuē jūn zǐ huì ér bú
美？”子曰：“君子惠而不

fèi láo ér bú yuàn yù ér bù tān
费；劳而不怨；欲而不贪；

tài ér bù jiāo wēi ér bù měng zǐ
泰而不骄；威而不猛。”子
zhāng yuē hé wèi huì ér bú fèi
张曰：“何谓惠而不费？”
zǐ yuē yīn mín zhī suǒ lì ér lì
子曰：“因民之所利而利
zhī sī bú yì huì ér bú fèi hū zé
之，斯不亦惠而不费乎？择
kě láo ér láo zhī yòu shuí yuàn yù rén
可劳而劳之，又谁怨？欲仁
ér dé rén yòu yān tān jūn zǐ wú
而得仁，又焉贪？君子无
zhòng guǎ wú xiǎo dà wú gǎn màn sī
众寡，无小大，无敢慢，斯
bú yì tài ér bù jiāo hū jūn zǐ zhèng
不亦泰而不骄乎？君子正
qí yī guān zūn qí zhān shì yǎn rán rén
其衣冠，尊其瞻视，俨然人
wàng ér wèi zhī sī bú yì wēi ér bù
望而畏之，斯不亦威而不
měng hū zǐ zhāng yuē hé wèi sì
猛乎？”子张曰：“何谓四
è zǐ yuē bú jiào ér shā wèi
恶？”子曰：“不教而杀谓
zhī nüè bú jiè shì chéng wèi zhī bào màn
之虐；不戒视成谓之暴；慢
lìng zhì qī wèi zhī zéi yóu zhī yǔ rén
令致期谓之贼；犹之与人

yě chū nà zhī lìn wèi zhī yǒu sī
也，出纳之吝谓之有司。”

kǒng zǐ yuē bù zhī mìng wú yǐ wéi
20.3 孔子曰：“不知命，无以为

jūn zǐ yě bù zhī lǐ wú yǐ lì yě
君子也；不知礼，无以立也；

bù zhī yán wú yǐ zhī rén yě
不知言，无以知人也。”

鸣谢

音频录制　特邀监制老师：

王　林　魏光玺　张君平　韩　磊

音频录制　浦江学堂指导老师：

郭乾隆　敬鸿章　陆岩军　刘思言　刘莎莎　伍　龙

王敬雅　魏丽冬　徐　凯　易　飞　衣抚生　张　瑞

邹春秀　周　缨　周　巍

音频录制　浦江学堂 58 童子名单

克图班

陈鉴耘（上海外国语大学附小）

方正好（上海第二师范附小）

孔令恒（上海第六师范第二附小）

林天仪（上海福山正达外国语小学）

马天一（上海实验学校东校）

王立彦（上海市明珠小学）

朱文卿（上海黄埔区卢湾一中心小学）

明和班

陆清扬（上海交通大学附小）

李　森（上海长宁区天山第二小学）

阮一淳（上海万源城协和双语学校）

王怡然（上海东展小学）

明理班

段依纯（上海包玉刚实验学校）

冯诗婷（上海福山正达外国语小学）

蒋佳盈（上海福山正达外国语小学）

晏子淇（上海福山正达外国语小学）

明图班

黄如萱（上海福山正达外国语小学）

陆家祺（上海长宁区威宁小学）

赵可欣（上海进才外国语中学）

明予班

何源杰（上海普陀区培佳双语学校）

峻和班

陈思扬（华东师范大学附小）

姜锦汝（上海闵行区华虹小学）

吴晟豪（上海市七宝外国语小学）

朱梓瑜（上海闵行区虹桥中心小学）

峻节班

李若岚（上海浦东新区澧溪小学）

瞿思夏（上海新竹园中学）

钱星燎（上海浦东新区周浦第二小学）

吴祺瑶（上海浦东新区周浦小学）

王思源（上海浦东新区周浦小学）

峻图班

江　铄（上海第六师范附小）

彭怡然（上海浦东新区海桐小学）

夏睿仪（ 上海外高桥保税区实验小学）

德和班

卢　然（上海师范大学康城实验学校）

王思程（上海闵行区虹桥中心小学）

德金班

傅九瑞（北京西城区奋斗小学）

刘栋一（北京石油学院附小）

肖怀德（北京师范大学实验小学）

孙　好（北京朝阳区楼梓庄小学）

杨若蘅（北京顺义第一中学附小）

德嘉班

唐诗师（上海浦东新区崂山小学）

吴悠冉（上海外国语大学附属双语学校）
徐子悦（上海复旦科技园小学）

德理班

施逸帆（上海新虹桥小学）
杨昳炜（上海行知二中）
杨子恩（上海理工大学附小）

德淞班

陈思羽（上海宝山区杨泰实验学校）
施云岫（上海杨浦区中原路小学）

德图班

罗翊文（上海张江高科实验小学香楠校区）
沈秉畅（上海浦东新区锦绣小学）
张宜诺（上海福山外国语小学）
周　默（上海浦东新区南汇外国语小学）

德安班

邓佳桐（北京西城区展览路第一小学）
贺路翔（北京第 109 中学小学实验部）
唐启舜（北京西城区黄城根小学）
王颢如（北京西城区育民小学）

德兴班

方贝儿（安徽芜湖市狮子山小学）

德彦班

范晶蕊（北京朝阳区师范学校附小太阳宫校区）
徐嘉禾（北京东城区革新里小学）

德虞班

王小鹰（江苏常熟市元和小学）

全程支持

浦江学堂全体志愿者家长
浦江学堂义工团队
《青年文摘》杂志社